元曲傲骨張養浩

受皇帝七聘而不出，
為官著述傳頌千古，
筆墨之間揮灑一身凜然正氣

「興，百姓苦；亡，百姓苦。」
——張養浩〈山坡羊・潼關懷古〉

張熙惟——著

奮筆疾書三部《忠告》，東傳日本後成為江戶幕府必讀經典；
一度遠離官海的齷齪虛偽，將滿腔抱負寄託於散曲作品中，
最後卻為使飢民吃一口粥飯，在賑災過程中溘然長逝……

目 錄

目錄

目錄

第一章
年少勤學才名顯

張養浩，字希孟，別號順庵，晚號雲莊老人，或自稱齊東野人，山東濟南人。生於元世祖至元七年（西元一二七〇年）大寒食，卒於天曆二年（西元一三二九年）。歷經元世祖、成宗、武宗、仁宗、英宗、泰定帝和文宗諸朝，生活於元王朝由盛轉衰的年代。

▌少遊千佛神交大舜

太古淳風叫不還，荒祠每過為愁顏。
蒼生有感歌謠外，黃屋無心揖讓間。
一井尚存當日水，九嶷空憶舊時山。
能令子孝師千古，瞽叟元來不是頑。

這是張養浩十七歲遊濟南千佛山時，觸景生情寫下的一首傷今懷古的詩——〈過舜祠〉。它是張養浩傳世著述中的首篇作品。

大舜是華夏文明的重要開拓者之一，是傳說中三皇五帝時代德高望重的一位聖王，有著尚賢、崇孝、重民、以天下為公的高尚品格，其治家之孝與治國之德為後人所敬仰。孟子說舜是「東夷之人」，出生於「諸馮」（今人考證此地就是今山東諸城市）。舜的母親生下他以後去世了，父親瞽叟娶了繼室，生了次子象。繼母在舜的父親面前百般挑唆，並想方設法謀害舜。舜卻堅守孝道，對父母孝順、對異母兄妹

友愛如故，表現出高尚的品格，被稱譽為「孝之始祖」，是
中國道德文化的開創者。濟南是大舜文化的重要發祥地，是
一片舜曾經耕稼過的土地。司馬遷在《史記》中就記載，舜
「耕歷山，漁雷澤，陶河濱，作什器於壽丘」。歷山即今濟南
千佛山。後人在千佛山上為舜立祠，世世以此為紀念。北魏
酈道元在《水經注・濟水注》中記載：「城南對山，山上有
舜祠，山下有大穴，謂之舜井。」後來人們將千佛山上的舜
祠，移建到了山下的舜井旁邊，香火獨盛，歷久不衰。而舜
祠、舜井座落的南北向街道從此也被稱為「舜井街」。濟南
更有了「舜城」的雅號。

大舜畫像

位於千佛山上的舜祠

位於濟南舜井街的舜井遺蹟

在〈過舜祠〉這首詩中，張養浩讚揚了大舜千古不朽的歷史功績，抒發出對「太古淳風」的嚮往之情。透過「一井尚存」和「空憶舊時山」描述宋元嬗代與戰亂後舜祠的荒蕪，感慨古今之變。詩中雖無一字談及「傷今」，但是令「蒼生有感」的「傷今」之意深寓詩中。尤其是推翻了「瞽叟害舜」的傳統說法，把瞽叟的所作所為釋讀為對舜的教育與磨練，表現出較高的創作意境和寫作技巧。

▋積學善文名滿鄉里

元代學者李士瞻在〈濱國張文忠公贊〉一文中說，濟南「山川孕靈，篤生明賢」。張養浩之所以能取得日後的政望與文名，是因為深受源遠流長、博大精深的濟南文化的薰陶，同時也離不開自身的努力和家庭、學校的培養與教育。張養浩出身於濟南歷城一個並非「閥閱世家」但較富裕的農民家庭。宋元王朝更迭之際，其祖父張山帶全家由章丘崖鎮（今章丘相公莊）遷至歷城縣以北、小清河以南的五柳閘（位於今濟南柳雲社區）定居。因為家庭人口多、開銷大，張養浩的父親張郁從十六七歲起，便協助張山挑起家庭生活的重擔。張郁在農忙季節，以農業生產為主，耕種鋤割，經理農田；在農閒季節，則兼營商業，從事販運買賣，經常往來於京師與江淮之間。一家人一起操持家業，家境很快得到改

善，於是又陸續購置土地五百餘畝，成為聞名遠近的富裕殷實之戶。

張養浩祖父輩創業地五柳閘一帶近照

　　張養浩出生於元世祖至元七年（西元一二七〇年）。至元八年（西元一二七一年）十一月，元世祖忽必烈取《易經》第一卦中「大哉乾元」，改國號為「大元」，由上都（位於今內蒙古錫林郭勒盟正藍旗東北的開平城）遷都燕京（今北京），稱之為「大都」。同時，

故宮博物院藏元世祖畫像

元世祖繼續推進統一全國的大業，採取加強中央集權的辦法，實行重視農業的政策，採用「漢法」尊儒崇學等措施，開啟「一代之治」新格局。張養浩就是在這一歷史環境中成長的。

　　張養浩的父親張郁在元王朝推行「尊儒崇學」的治國之略、大力發展學校教育的歷史背景下，毫不猶豫地選擇了讓子孫走讀書之路，並十分重視張養浩的學業。

　　張養浩自幼在家人輔導下讀書習字。後來，他進入私塾學習，更是勤學苦讀，異常勤奮。《元史‧張養浩傳》記載，由於張養浩「讀書不輟」，每天從早讀到晚，父母雖對他寄託了很大期望，卻也擔心他過於用功損害身體，因而又限制他的讀書時間。於是張養浩白天就獨處一室默默地讀，到了夜晚則關上房門，點上油燈，偷偷地讀。張養浩的祖父對他疼愛有加，卻也擔心張養浩不分白天黑夜讀書的習慣會使身體吃不消，就告誡他讀書要循序漸進，張弛有度，不能一刻不停地連續學。因此，到了晚上，祖父就會把張養浩屋裡的燈拿走，不允許他掌燈夜讀。沒料到張養浩卻另外藏了一盞燈，等到祖父、父母就寢後，便拿衣服、床單等把窗戶遮起來，繼續挑燈夜讀。張養浩勵志苦讀，文采斐然，還獲得了「年少而志厲，積學而善文」的良好口碑。

▋篤志好學聆聽教誨

　　正如元人戲嬰畫軸中所描繪的，張養浩自幼是在一個良好的環境中成長起來的。也正如俗話所說：「莊稼看苗，七歲看老。」張養浩從小便受到良好的品德培育。他的母親許

氏雖非大家閨秀，但卻出身於一個父為胥吏、注重對子女教育的小康之家，深受詩文禮教薰陶的母親自然注重從為人處世、品格涵養方面對張養浩的教育。祖父張山對張養浩的品格養成影響也很大，特別是其為人耿直、助人為樂的品格令張養浩終生不忘，並身體力行。良好的家庭教育使張養浩從小就表現出優秀的道德品行。張養浩七歲那年，有一次出門玩耍，遠遠看到有人把鈔幣遺落在路上，就馬上跑過去把錢撿起來。這時丟錢的人已經走遠了，小小年紀的張養浩毫不猶豫地追上去，把錢還給了人家。此舉得到了鄉鄰們的讚譽並傳為美談。

　　至元十三年（西元一二七六年），元軍攻克南宋首都臨安（今杭州），大致平定江南地區，全國統一大局已定。元朝從北方徵調大批有一定管理才能的人擔任新收復區各級機構的官吏。張養浩的外公許全因曾主管過牢獄事務而受徵南下任職，一家人離開濟南遷居湖廣武昌。許全一家臨行前，張養浩的母親帶他到歷城縣西門外為外公送行。全家人都為今後天各一方、不知何時才能再次相見而痛哭道別。年幼的張養浩茫然不知大人們為何流淚，也還無法真切理解親人離別的痛苦。到他十三歲時，生他養他的慈母因病去世，緊接著又傳來外公、外婆去世的消息，他才親身體會到親人離別的痛苦，深深自責以前的無知。實際上自外公全家遷居

江南後,張養浩就再也沒能看到外公、外婆、舅舅等親人。直至三十多年後,已在京城任監察御史的張養浩,意外遇到了出差京師卻早已面生的表兄許可道。兩人都非常激動,哭泣相認,互道想念之情,此後兩家才又有了聯絡。後來張養浩寫有〈宰木〉一詩,深切緬懷早早去世的母親,傾訴思親之情。宰木,就是栽種在墓地裡的樹木。該詩小序說:「宰木,思親也。」張養浩在詩中說,每當去祭掃先母時,他的心情就如「風悲」、「風呼」、「風

元代繪畫〈秋景戲嬰〉

摧」一樣,哀痛難抑。他呼號蒼天為什麼如此絕情,不給自己報答母親養育之恩的機會。如今他有酒有食、有室有堂、有車有馬,卻全然不知該送往何處供慈母享用。每念及此,他就聲淚俱下,痛不欲生。後來,張養浩將對生母的感情完全寄託在繼母尚氏身上。尚氏雖然沒有生育子女,但對張養浩卻關懷備至,無論是對張養浩結婚前的生活照料,還是張養浩結婚後對孫子們的撫育,皆無微不至,傾注心血。

　　除關注張養浩的學業之外，祖父、父親還從張養浩幼年起就特別注重對他進行創業艱難的教育。祖父張山告訴張養浩說，過去自己曾被徵發兵役，歷經生死，飽受戰亂之苦，因此為人要能經得起苦難。父親張郁也以其家史與自己的親身經歷教育他說，以前家境貧寒，全家生活頗為艱難，有時要靠借貸度日。後來為了養家餬口，他從十六歲起就隨大人們趕著毛驢做生意，從江淮到京師，數千里地，備嘗艱辛。為了趕路，不分晝夜，常常吃不上睡不好，實在餓了就啃一口乾糧，實在睏了就趴在驢背上稍微瞇一會兒。腳上走出了血泡，疼痛難忍，他挑破血泡包紮一下後仍繼續行走。父親用親身經歷告誡張養浩要牢記「以艱難勤儉起家」的家訓。正因為有祖父和父親的諄諄教誨，張養浩從小就對生活艱辛有著深刻的認知。這也使他在從政以後尤為關心民生、關注民情，成為他能為民請命的重要原因。

　　實際上，張養浩之所以能養成「積學而善文」的良好品格，不僅靠父輩的訓誡和自己勤奮向學，還因為得到過名師的指點。據記載，在張養浩學習成長的過程中，對他有著深刻影響的是具有「韜光隱晦，不求聞達」品格之稱的名師李舟軒。據《濟南府志》等相關文獻記載，李舟軒，字師聖，號昌道，濟南人，不僅富有經世之學，人品更為人稱道，曾擔任過上都路學校提舉、大名路儒學教授、河南儒學提舉

等，也曾被舉薦充任風憲或館閣之職。李舟軒平生不熱衷於仕進，而是傾心於儒學教育事業。他為人豪邁、推崇古文、宣揚儒道、關注時政，對張養浩影響至深。張養浩有一個同門師兄袁度，是濟南歷下人，為人極為孝順，為了侍養、照顧母親，甘願辭去河中教授之職。袁度篤信程朱理學，強調窮理致知、反躬實踐，遵循理論與實際相結合、知識為現實服務的為學原則。這一點在出於同一師門的張養浩身上也有著充分的體現。他們都牢記老師對他們的殷切希望：讀書學習不僅要學以致用，而且要專心致志，還要具備每戰必勝、每攻必克的信心與決心。

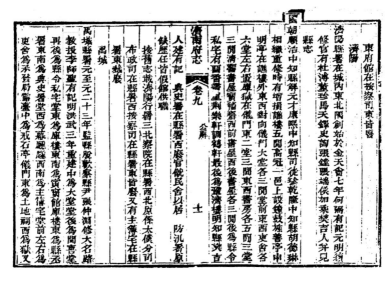

道光《濟南府志》所記李師聖事蹟書影

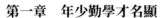

▌遊歷名勝增廣見聞

　　俗話說：「讀萬卷書，行萬里路。」勤學好讀的張養浩並沒有只把自己關在書齋裡，而是在讀書之餘走出家門，走向社會，以社會為大學堂，從而增長見聞，磨練意志。雖然因宋元鼎革時局動亂，年少的張養浩還不可能毫無顧忌、自由自在地外出遊學，但濟南周邊地區的山水、名勝古蹟卻也令他流連忘返。

　　濟南物華天寶，人傑地靈，山水景色優美，名勝古蹟眾多。濟南的勝景如五龍潭、趵突泉、大明湖、千佛山、鵲山、華山、龍洞山、長白山、靈岩寺等，分外妖嬈，魅力無窮，都讓張養浩無限嚮往並增長見識。這些地方不僅留下了他遊歷的身影和足跡，還留下了他對故鄉的讚頌。如今趵突泉內「觀瀾亭」雙側立柱上的楹聯「三尺不消平地雪，四時嘗吼半空雷」，就出自張養浩的七律詩〈趵突泉〉。而在趵突泉池北側濼源堂的立柱上，也刻有一副對聯：「雲霧潤蒸華不注，波濤聲震大明湖。」該聯是選自時任同知濟南路總管府事趙孟頫所作〈趵突泉〉，也是世人公認的吟詠趵突泉的名句。而張養浩的「三尺不消平地雪，四時嘗吼半空雷」，無論是氣勢格局，還是意境，完全能與趙孟頫的詩句相媲美，因而這兩句詩成為趵突泉公園內眾多楹聯之雙璧。正所謂：山水因詩句而增色，詩句因風物而傳世。

　　張養浩少年遊歷的足跡，還南至泰山。泰山為五嶽之首，有天下第一山之稱。泰山層巒疊嶂，氣勢雄偉磅礴，風景壯麗優美，人文歷史異常豐厚，是世界自然與文化遺產。張養浩初次遊歷泰山時，便被泰山的雄偉壯麗所吸引、折服。他豪情滿懷、激情四溢地揮筆寫下了〈登泰山〉：

風雲一舉到天關，快意平生有此觀。
萬古齊州煙九點，五更滄海日三竿。
向來井處方知隘，今後巢居亦覺寬。
笑拍洪崖詠新作，滿空笙鶴下高寒。

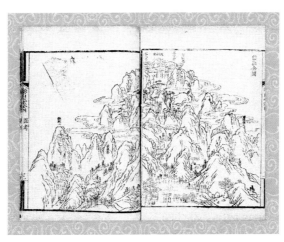

清《泰山志》附岱嶽全圖

　　此詩首聯說自己像乘風駕雲般登上泰山南天門，令人感到無限愜意暢快，是非常美妙的一次遊覽。頷聯化用唐代李

賀「遙望齊州煙九點」的詩句，形容煙雲繚繞中的群峰聳立，極言登泰山觀日出的壯麗景觀。頸聯是說登上泰山極目四方，才感覺過去猶如井底之蛙，視野非常狹小，而今眼界開闊，即使巢居穴處也覺得心胸寬闊。尾聯化用西晉遊仙詩人郭璞「左挹浮丘袖，右拍洪崖肩」詩句之意，說自己就像拍打著洪崖仙人的肩背一樣盡情吟誦，如同王子晉乘仙鶴般飄然下落，與天地共鳴。詩作不僅描寫了泰山雄偉壯麗的自然風光，而且抒發出「登泰山而小天下」之意。雖然此詩與張養浩入仕以後成熟、老練的詩風不同，還多少有些年少張狂的浪漫主義色彩，但卻呈現出一種新鮮壯美的人生體驗和昂揚進取的精神風貌。

泰山南麓登山之路

〈白雲樓賦〉價值千金

　　勤學苦讀使張養浩學業日進。而令之文名大顯的是他至元二十五年（西元一二八八年）遊珍珠泉、登臨白雲樓時所作的〈白雲樓賦〉。

　　珍珠泉是因平地湧泉、騰如珠串而得名，為濟南七十二名泉之佼佼者。以珍珠泉為中心形成的泉群是濟南四大泉群之一，迄今仍有泉池二十餘處。珍珠泉以泉景優美奇特而留下許多傳說故事與歷代文人騷客的大量吟詠。關於濟南的傳說中，就有珍珠泉與大舜的故事：相傳堯帝在考察了大舜的品格之後，就把自己的兩個女兒娥皇與女英嫁給了大舜，並禪讓帝位於舜。後來，舜帝南巡途中病重，娥皇與女英不顧眾人勸阻，執意去南方探望丈夫。臨行前，她們不忍與親友離別，串串淚滴猶如珍珠一般滾滾而落，遂化為一窪清泉，由此留下了一首在濟南廣為流傳的民謠：「娥皇女英惜別淚，化作珍珠清泉水。」娥皇與女英南下走到湘江邊時，得知舜帝已死，隨即雙雙跳入湘江，化為湘江之神。濟南人則在趵突泉畔修建了娥英廟，以紀念娥皇與女英。

　　民間傳說雖難以考證，但珍珠泉的美麗景色卻一直為人歌詠。如明初曾任山東按察司僉事的晏璧有吟詠濟南七十二名泉的諸多詩篇，他在〈北珍珠泉〉詩中就有「白雲樓下水溶溶，滴滴泉珠映日紅」之句。清代著名文學家蒲松齡

在〈珍珠泉撫院觀風〉兩首詩中也有「玉輪滾滾無時已，珠顆涓涓盡日生」、「萍開珠串凌波上，池湧瑤光弄影消」的讚譽之句。清代散文大家王昶在他的〈遊珍珠泉記〉中這樣描繪珍珠泉：「泉從沙際出，忽聚忽散，忽斷忽續，忽急忽緩。日映之，大者為珠，小者為璣，皆自底以達於面。瑟瑟然，纍纍然。」一生中多次來濟南的清乾隆皇帝曾駐蹕在珍珠泉一帶，也留下多首吟詠濟南名泉的詩歌。他在〈乾隆戊辰上巳後一日題珍珠泉〉詩中說：「濟南多名泉，嶽陰水所瀦。其中孰巨擘？趵突與珍珠。趵突固已佳，稍藉人工夫。珍珠擅天然，創見訝仙區。」

珍珠泉公園

　　白雲樓就座落於珍珠泉畔，是元朝統一全國前夕，任山東行尚書省事兼兵馬大元帥、濟南知府的張榮府第中的一座樓閣。張榮任職濟南期間，以民生為重，接納流民，發展生產，強化治理，穩定社會秩序，因此到窩闊臺汗八年（西元一二三六年）中書省考核各地政績時，濟南被評定為「天下第一」。張榮因此封爵「濟南公」。元世祖忽必烈中統三年（西元一二六二年），蓄謀已久的李璮在青州起兵，打出叛蒙歸宋的旗號，率軍西行，攻陷濟南。蒙古政權緊急調集力量平叛。張榮與其孫張宏率軍與增援的蒙古軍相配合，收復濟南，平定李璮之亂，李璮投大明湖而死。次年（西元一二六三年），張榮以八十三歲高齡去世，被追封「濟南王」，賜謚「忠襄」。張榮的長子張邦傑、長孫張宏先後繼承張榮的爵位，後人對其遂有「三代濟南王」之稱譽。

　　張榮自封爵濟南公起，就在今珍珠泉濯纓湖畔修建私人府第，以泉水為中心把院內建造成風景宜人的豪華住宅。後來張宏又在張氏園宅中主持增建了一座「高數十尺」的樓閣，即白雲樓。它是當時濟南城內最高的樓閣。白雲樓雄偉寬敞，站在樓上極目遠眺，北可觀明湖碧波、黃河帆影；南可望梵宇簇擁、群山青翠。俯察泉城景物，更是歷歷在目。張榮有子孫四十餘人，但隨著元朝政府削奪漢族「世侯」勢力，張榮的子孫先後遷居外地。留在濟南的豪華府第「張舍

人園子」此時已是人氣不再，但規模還在，並逐漸形成明代崇禎《歷城縣志》卷首所載濟南著名八景之一的「白雲雪霽」。「白雲雪霽」是指冬日雪後初晴，登臨白雲樓所見「霽色浮金連岱嶽，寒光射目失明湖」的綺麗景觀，是膾炙人口的人文勝蹟。

張養浩登臨白雲樓時，心生感慨，借景抒情，遂作〈白雲樓賦〉：

吁其高哉！茲樓之有如此兮。括萬象於宏敞，飛四阿於鴻冥。初疑陽侯海底鞭出一老蜃，噴雲噀霧，扶輿五色凝結而成形；又疑大鵬九萬失羊角，踞茲勝境而不去兮，翼截華鵲之煙雨，背摩霄漢之日星。

我來宣郁一登眺兮，眾山故為出奇秀，恍然身世遊仙庭。憑欄俯視魄四散，耳根但聞風鐵音泠泠。上有浮雲容與臥蒼狗，下有驚湍澎湃奔流霆。

憶昔我公分符握節尹東土，聲名遐邇流芳馨。脯麟膾鳳，群賢此日方高宴，不意有奸闌境，闔城萬室無一寧。公乘疾傳出聞上，亂臣必討存諸經。雄兵一夕自天至，縱余渠帥獨典刑。九重賜券且與盟，帶礪寵光浮動堂與庭。

惜余才疏生晚後機會，不及奮筆為擬燕然銘。雄心霸氣、龍韜虎略見無復，空聞燕鵲鳴幽扃。當時風景今盡易，唯有風光山色無年齡。朱簾香歇桂花老，金鋪色暗苔痕青。長歌慷慨吊陳跡，風動彷彿來英靈。忽然暮色自遠而至兮，斷霞

斜照互明滅，詩成欲掃雲間屏。貪徵興廢玩餘景，須臾不覺
一輪古月升東溟。

全賦既描寫了白雲樓的雄偉氣勢，山水景色綺麗如畫，
彷彿進入仙境一般；又述說了白雲樓主人主政濟南，聞名遐
邇，流芳百世；又追述了張氏先人持符握節、親率鐵騎平定
李璮之亂，被賜號封爵的往事；還抒發了張養浩建功立業的
鴻鵠之志，慷慨激昂，激情滿懷；同時流露出張養浩未能生
逢其時、沒能親歷昔日之崢嶸歲月而深感遺憾之情。

明《歷城縣志》附濟南八景之一「白雲雪霽」

　　此賦的流傳，使年僅十九歲的張養浩文名大振，譽滿士林。時任山東按察使的焦遂欣賞張養浩的才華，舉薦他出任東平學正。張養浩從此踏入仕途。

第二章
大都求仕為政勤

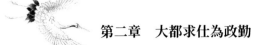

　　元世祖至元二十六年（西元一二八九年），張養浩以「才行」卓異得山東東西道提刑按察司按察使焦遂舉薦，出任東平學正，正式踏入仕途。這也成為張養浩人生歷程中的一大轉折點。

▌年輕俊彥得舉薦

　　山東東西道提刑按察司是元朝政府在山東地區設立的直隸於御史臺的監察機構。元代的山東地區，因處於重要的政治地理位置，以「據天下腹心」而被元朝統治者稱為「腹裡」予以直接控制。因此，除金元之際和元朝末年，山東地區不設行省而由中書省直接統轄，同時設有隸屬於中書省與中書六部、樞密院、御史臺等主要權力機關的分支機構，如隸屬於中書省治所在濟南的濟南路宣慰司、濟南等處宣慰司兼都轉運使司，隸屬於樞密院的山東統軍司都元帥府，隸屬於御史臺的山東東西道提刑按察司等。山東東西道提刑按察司設立於至元六年（西元一二六九年），作為省級督察機構，設有按察使、副使等職，負有監督巡察司法刑獄、考核吏治、舉薦人才、勸課農桑、訪查保舉賢能、勉勵學校、宣明教化等職責。

　　與此同時，元朝廷正式確立歲貢儒人制度。在同年所頒布的《提刑按察司條畫》中，訪查舉薦「有德行才能可以從政者」，就成為按察使的主要職責之一。因此，任山東按察使的焦遂這時聽聞張養浩的文名，對張養浩的才能、德行進行一番考察後，便以「才俊」之名舉薦給朝廷。張養浩被任命為東平路學正。

　　東平府學在宋代因以東平為鄆州而被稱為「鄆學」。北宋仁宗朝宰相王曾罷相出判鄆州時，擴建鄆州州學，置辦學田兩百頃作為重要辦學經費來源，人才濟濟為一時之盛。李清照的父親李格非就曾經擔任過鄆州州學教授。金代的鄆州州學繼續興盛不衰，金正隆朝宰相劉長言和章宗泰和之後的平章政事張萬公、參知政事高霖、平章政事侯摯等，皆學成畢業於東平府學。金元之際的鄆學曾因戰亂一度荒廢不振。直到嚴實入主東平後，著力恢復東平府學，聘請著名學者元好問、宋子貞等入學執教。嚴實之子嚴忠濟主政東平期間，又以舊學地處低窪、建築規模狹小，復於東平城東之高爽處另建東平府學新校，擴大規模，同時應徵進士出身的著名學者康曄、王磐等為府學教授。府學培養出了諸如號稱「東平四傑」的閻復、徐琰、孟祺、李謙等一大批傑出人才。

東平故城近照　張越 / 攝

　　元朝制度規定，地方路、府、州、縣主持教育事務的官員，有教授、學正、學錄、教諭等，統稱教官。教授由朝廷者直接任命，是主持地方教育事務的最高一級的學官。教授之下設有學正、學錄，以協助教授授課，管理有關學務。早在世祖至元二十一年（西元一二八四年），元朝廷就頒布了由翰林國史院擬定的《腹裡儒學教官例》，規定路一級的官學設教授一員，學正、學錄各一員。焦遂伯樂識才，推薦年紀尚輕的張養浩出任路級儒學學正。這是張養浩踏入仕途的起點，更是張養浩此後政治生涯中的一次重要鍛鍊。

　　東平是當時人才聚集之地，張養浩擔任的又是學職，在此有機會結識不少學界名流和政界要員，這對他後來在仕途上的進步大有裨益。據記載，曾在東平擔任過東平路總管的

章丘學者劉敏中、在京城為官的東平人王構等，這時大概都對張養浩有所了解或接觸。這顯然為張養浩的日後發展奠定了良好基礎。

東平故城進士牌坊近照　張越／攝

就在張養浩被推薦擔任東平學正但尚未就任之際，父母還張羅舉辦了張養浩與郭氏之女的婚禮。張養浩的入仕、結婚，真可謂雙喜臨門，令張氏家族上上下下高興異常。婚禮的隆重自不在話下，張養浩對與郭氏的完婚也非常滿意。他後來有詩追憶說：

昔我既冠，君亦甫笄。於配其宜，婉有令儀。婉有令儀，於姑嫜不違，於娣姒不睽，於婦道不虧，於女紅不衰。以迄於茲，如初來歸。

「既冠」是說這一年張養浩已滿二十歲，「甫笄」是指新娘剛過十五歲。新娘不僅長得漂亮，而且為人賢慧。婚後的郭氏孝順長輩，友愛家小，勤儉持家，吃苦耐勞，有著良好的口碑，做得一手的好活，堪與其白頭偕老，這令張養浩感到無比幸福，也使張養浩能心無旁騖地去追求自己的事業，實現遠大的理想。

東平白佛山景區

張養浩自幼學習儒家經典，接受儒家文化教育。他在擔任東平學正期間，正常工作之餘，精心編著完成了宣揚儒家正統、批判離經叛道歪理邪說的《衛聖編》一書，作為參考書提供給府學學生研讀。張養浩之所以編著《衛聖編》，其根本目的就是捍衛聖人之道，扶正袪邪，以正人心。

　　張養浩在《衛聖編》中對諸子假托儒家正統的種種學說進行了分類辨析。因為在張養浩看來，老子、莊子、申子、韓非子以及佛教文獻，與孔子的思想學說涇渭分明，人們對於什麼是儒家思想、什麼是道家思想、什麼是法家思想、什麼是佛教思想，一般不易混淆弄錯。但是，打著儒家正統旗號的人，如左丘明、荀子及秦漢以來諸儒的學說則不同，後世把他們視為儒家學說的正統傳人，他們又都從祀孔廟，對他們的學說若不加以辨析的話，容易混淆視聽，貽患後世，所以張養浩認為：「不得聖人之心，必不能知聖人之言；不得聖人之言，必不能知聖人之事。」《衛聖編》就是為了捍衛孔子思想的純潔性，辨析「左氏、荀子及秦漢以來諸儒」對孔子學說各自不同的主觀闡釋而作的。

　　由於《衛聖編》書已不存，所以張養浩具體對「左氏、荀子及秦漢以來諸儒」的學說做了何種分類，每類的具體內容是什麼，究竟張養浩的辨析是對還是錯，這些已經難以判斷。但是張養浩勇於獨立思考、不盲從權威的精神還是十分可貴的。他這種善於分析、長於思想的性格，也成為他此後從政期間表露鮮明的思想品格，更顯示其人格魅力。

▌禮部貢職「能臣」譽

　　轉眼間，張養浩的東平學正之任已滿三年。按照元朝選官制度，三年任滿的張養浩已有資格晉升或遷轉新的官職。雖然張養浩在東平的其他事蹟文獻記載不多，但《東平州志‧職官門》所記東平學正四人，首列王磐，次列張養浩，說明張養浩在東平的確有著出色的表現，贏得了較好的社會聲譽。這也就引起了當時身為山東肅政廉訪副使陳英的關注。陳英建議張養浩去京城考選省部令史。

乾隆《東平州志》書影

　　元朝此時還沒有實行如前代的科舉選官制度，因此官員的選拔任用，整個官員隊伍的充實，主要由恩蔭、儒生、吏人補充。當時流傳的「一官二吏、三僧四道、五醫六工、七匠八娼、九儒十丐」的說法未必完全符合實際，但是元代儒生、學官的地位之低微卻是事實。學官升遷十分困難，特

別是從學正按照官吏晉升的規定升教授就更難。據大德年間中書省的統計數字，當時全國各路府州縣有八十九處教授空缺，候補者則有五百多人，因此若靠擔任學職出人頭地，將是一條漫長之途。由吏為官，也就成為非常便捷的選擇，故時人把吏員出職為官稱為「吏仕」。在陳英的舉薦下，張養浩在學正任滿之後，決定去大都（今北京）謀求出路。

大都，是元朝的政治、經濟、文化中心，其宏偉壯麗在當時世界上可說是首屈一指。義大利旅行家馬可・波羅曾在大都長期居留，寫下了著名的《馬可・波羅遊記》。他在書中對大都有著濃墨重彩的描繪，盛讚大都的莊嚴宏大、人口之眾、城市繁華是前所未聞的。至元二十九年（西元一二九二年），張養浩到達京城，拿著陳英的推薦信去面見平章政事不忽木。不忽木是當時為世祖忽必烈所信賴的國之重臣，先後師從王恂、許衡等著名學者。許衡曾把歷代帝王名諡、統系、歲年編纂成書，將其作為教材教授學生。不忽木皆能牢記成誦。有一次忽必烈以此為題考查國子生時，不忽木竟背誦得一字不漏。許衡為此誇讚不忽木將來「必大用於世」，特地為他起名為「時用」，字「用臣」，對他寄予厚望。不忽木深受漢文化的影響，有很高的漢文化素養和文學素養，曾有樂府行於世。他諳熟歷史，崇儒尊長，綱常觀念濃厚，為人沉穩而敏贍，被評價為「純儒」。不忽木

二十二歲就出任掌管朝廷貨物出納的利用監少監，歷任燕南河北道提刑按察副使、提刑按察使、吏部尚書、工部尚書、刑部尚書、翰林學士承旨、知制誥兼修國史等，三十六歲時被忽必烈任命為中書平章政事，出任宰相。他為相後，以提攜重用人才為急務，這才有了陳英對張養浩的舉薦。不忽木在了解到張養浩的才識之後，認為這正是朝廷所用之才，於是毫不猶豫地以「國士」之名推薦張養浩出任禮部令史。

元大都遺址公園照

禮部是掌管國家禮儀的政府機關。張養浩任禮部令史後，得到朝廷諸多名流前輩的提攜與獎掖，如時任翰林直學士的姚燧、監察御史劉敏中等名臣。他們都把張養浩視

為知己。姚燧是元代著名文學家，他愛才若渴，對張養浩竭盡全力予以提攜，也使張養浩此後走上以姚燧為師法的文學之路。劉敏中是章丘人，與張養浩為同鄉，他為此專門賦詩〈送張希孟秀才赴禮部掾〉二首相送。詩中說「愛君千里馬，為贈繞朝鞭」「飛翔從此地，昂聳看他年」，表達了姚燧對張養浩就任禮部令史及其日後發展充滿期待，寄予厚望。

張養浩為政處事，既堅持原則又恭謹務實，很快就贏得了「能臣」的讚譽。

▍履職中臺「真臺掾」

就在張養浩到京師的第三個年頭，至元三十一年（西元一二九四年），元世祖忽必烈崩於大都紫檀殿，在位三十五年，享壽八十歲。在忽必烈去世後，鐵穆耳便得到顧命大臣平章政事不忽木、御史大夫月魯那顏以及太傅伯顏等人的擁戴，遂即帝位，是為元成宗。不忽木由中書平章政事晉為昭文館大學士、平章軍國重事。為加強御史臺監察體系建設，不忽木向時任御史中丞的崔彧推薦官員，以充實御史臺官員隊伍。此時張養浩便在不忽木的舉薦下，從禮部調動到御史臺任御史臺掾。

元成宗畫像
選自清人繪《歷代帝王真像》

第二章　大都求仕為政勤

　　在中國古代中央政府各機構中，負有監察、諷諫以及司法職責的御史臺，自東漢正式設立直至元代，一直都是最重要的行政機構之一。在元代，御史臺與中書省、樞密院為鼎足之勢，對肅正綱紀、維護朝政發揮著巨大的作用。張養浩任御史臺掾，雖然仍是一名低級吏員，但他深知在御史臺任職並不輕鬆，不僅容易觸及皇親國戚、高官顯貴的利益，甚至還可能冒犯最高統治者皇帝的尊嚴。張養浩認為，儘管在御史臺任職容易惹火燒身，但是只要是於國於民有利，做些犧牲也沒有什麼遺憾，他自當盡心竭力。

　　大德二年（西元一二九八年）崔彧病卒，不忽木以平章軍國重事兼任御史中丞。能在對自己有知遇之恩的不忽木手下任職，張養浩感到這是莫大的激勵，由此他更感責任重大，更加盡職盡責，勤謹處事。

　　張養浩為人能堅持原則，勇於批評某些不良現象，也不怕得罪人。御史臺有一位幕僚官因政見不同遭臺臣詆毀，憤然去職。起初張養浩對他能不惜辭職也要堅持原則頗懷敬意。卻不料沒過幾天，這個人又回來上班，也不再堅持原來的意見了，還像什麼事都沒發生一樣。張養浩對此人的這種軟骨頭行為非常看不慣，當面對他以「禮義廉恥」之大義數落責備。有同僚為息事寧人，予以調和。張養浩則不予認同，引經據典，以是非曲直為辯。眾人終為他所折服。

　　張養浩注重潔身自律，甘於清苦自守。他到京城任職已經五、六年了，卻仍然過著清貧簡樸的生活。有一次，不忽木得知張養浩生病告假在家休養，遂親自到張養浩家中探視。不忽木到張養浩家中看到，除了幾件必備的家具、用具之外，整個居室家徒四壁，什麼值錢的裝飾、陳設都沒有。不忽木情不自禁地感嘆說：「此真臺掾也。」

▌上書中丞露鋒芒

　　大德四年（西元一三○○年），對張養浩多有提攜器重的當朝重臣不忽木因病去世，年僅四十六歲。僉書樞密院事董士選繼任御史中丞。

　　董士選，字舜卿，真定藁城（今屬河北）人，出身於官宦世勳之家。其祖董俊曾為蒙古南下中原立有汗馬功勞，為元初河北著名「世侯」之一。在他的九個兒子中，長子文炳、三子文用、八子文忠事功最顯。文用歷官御史中丞、大司農、翰林學士承旨、制知誥兼修國史；文忠官至資德大夫、僉書樞密院事；文炳即董士選的父親，歷官侍衛親軍都指揮使、中書左丞、僉書樞密院事，深得世祖忽必烈的信任倚重，被忽必烈稱之為「董大哥」。藁城董氏尤以親近儒士、招賢納士聞名。如當時名臣王惲就得到董文用的舉薦，元明善、虞集、吳澄、范梈等一代文學之士也都得到過董士

選的提攜或重用。因為世祖曾直呼董文炳為「董大哥」，所以成宗就稱呼董士選為「董二哥」，由此亦見成宗對董士選的信任。

就在董士選就任御史中丞之際，張養浩正「任滿閒居」。因為此前在任中書省掾、曾為董士選屬下的好友元明善的引見下，張養浩曾拜謁過董士選，得到禮遇接待，與之有一面之識。加上知道董士選具有招賢納士的雅量，張養浩遂撰寫了〈上董中丞書〉，就整肅臺綱臺紀傾心進言。

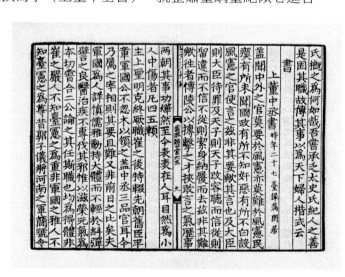

張養浩〈上董中丞書〉書影

在上書中，張養浩首論臺憲責任之重。張養浩建議董士選信賞必罰，以振臺綱。他還建言要執法必嚴，違法必究。

　　張養浩在所撰〈上董中丞書〉中除了表述自己的政見外，或暗含求董士選相薦之意也未可知。事實上，董士選對張養浩的為人與才能是頗為欣賞的。或許與董士選有關，張養浩在憲臺任滿閒居不久，就以「俊才」之名任職中書省令史了。

▍中書省府稱「三俊」

　　在中書省，張養浩與同為省掾的好友元明善、曹元用被時人稱譽為「三俊」。元明善（西元一二六九至一三二二年），字復初，大名清河（今屬河北）人，被愛才的僉行樞密院事董士選招至麾下，後隨董士選入京，任中書省掾。曹元用（西元一二六八至一三三〇年），字子貞，東平汶上大張村（今屬嘉祥）人，歷鎮江路儒學正至京師，先被翰林學士承旨閻復推薦為翰林國史院編修官，復以見事明決轉中書省右司掾。三人聲氣相投，結為至交。

　　元朝實行兩都巡幸制度。自世祖忽必烈起，每任皇帝每年春、秋都來往於大都與上都之間，避暑於蒙古草原。北巡的時間一般是春季二、三月間離大都赴上都，秋季八、九月間由上都返回大都。每年離開大都赴上都前夕，朝廷都要舉行盛大的儀式，多在瓊華島萬歲山的廣寒殿中大宴文武百官。出行的路上，皇帝一般是乘坐平穩的象輦，前有駱駝儀

仗隊引導，一路有樂隊伴隨，聲震於野，威武雄壯，極具大
元帝國皇帝的威嚴。皇帝北巡期間，除留守大都的機構照常
運作外，包括中書省、樞密院、御史臺以及中央其他官署的
主要官員都隨駕至上都設衙理政。張養浩任職臺省期間，亦
幾次因公赴上都，對元王朝的發源地有了進一步的了解，對
浩瀚的草原風光也有了切身的體驗。

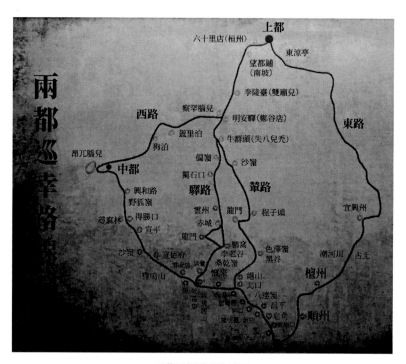

元代兩都巡幸路線圖

　　大德二年（西元一二九八年）三月，張養浩首次與御史臺官員扈從元成宗赴上都。他們一行自大都出發，由來往兩都之間的「輦路」一路向北，過居庸關，沿黑谷上行，跋山涉水，到達上都城。塞外風光別有一番景緻：浩瀚的沙漠一望無際；草原上則青草嫩綠，白草遍地，牛羊成群。夏季的蒙古草原，更是綠草如茵，金蓮花盛開，時有駿馬、馴鹿、野兔在草叢中出沒，景色分外壯美。

二〇一〇年十二月建成開館的張北縣元中都博物館

　　北巡制度也催生了元朝獨特的文化景觀。跟隨北巡的朝廷官員或文人雅士，在扈從聖駕幸遊時，雖途中辛苦，但也宛若旅行，故沿途多即興吟詩歌賦，寫景記俗，歌詠描寫沿途景觀和上京風情，遂誕生元朝邊塞詩的一種特殊形式 ——

「扈從詩」，時稱「上京紀行詩」。張養浩觸景生情，就寫下
了傳世的〈上都道中二首〉，以紀其行。

其一曰：

窮涬唯沙漠，昔聞今信然。
行人鬢有雪，野店灶無煙。
白草牛羊地，黃雲雕鶚天。
故鄉何處是？愁絕晚風前。

其二曰：

幽都風土異，六月亦冰霜。
草地寬於海，土山低似牆。
茹毛民簡古，嚙雪客荒涼。
自愧成何事，孑然天一方。

詩作描寫了塞北草原以及沙漠地帶的自然風光與社會習
俗，頗具一定的認知價值。他後來還寫了一首〈過中都〉：

三月龍沙春未知，雲山環野玉參差。
半空蜃氣雲間闕，一路驪珠馬上詩。
豐沛漢皇湯沐邑，幽岐周室治平基。
我來歷覽開天處，億萬斯年理固宜。

詩作描寫的中都是元代所建行宮，位於興和路（在今河
北省張北縣北），其地為往來大都、上都以及通往西域的交

通要道，故有「中都」之稱。中都城從建成到元末被燒毀，前後存世五十餘年，歷有「一座中都城，半部元朝史」之說。詩的前四句描寫中都沙堆遍地、雪山環野以及沙漠海市蜃樓的自然景觀，後四句以周室漢皇作比，指出中都是元朝開天立國的發源之地，政治地位十分重要。自己能得以親身歷覽，備感榮幸，隱含著張養浩的勵志追求與不懈奮鬥的遠大志向。

吏職考滿擢縣尹

就在張養浩矢志建功立業之時，他卻接連遭受身心摧折。大德六年（西元一三○二年）的立秋前三天，張養浩疼愛的兒子、年僅六歲的雁奴不幸因病夭折，這無異於晴天霹靂，使張養浩悲痛不已、傷心異常。

要知道，從張養浩到任京城以來，他的妻子郭氏相繼生了四個兒子。他們卻都在襁褓中夭折。大德元年（西元一二九七年），張養浩的第五個兒子出生，乳名雁奴。他在郭氏的精心撫育下健康成長。三年後，雁奴的弟弟又出生了。這使張養浩的喪子之痛略被撫慰，也漸漸忘卻那些不幸。

不知不覺，雁奴已六歲了。他是個秀慧可人、非常聰明的孩子。從剛剛懂事起，每逢有客人到家，他都能熟記來客的姓名字號。見到年長的客人，不需家人指教，他就會主動

元代戲嬰圖軸

上前迎接，打招呼。張養浩的朋友們都知道雁奴聰慧而喜歡逗弄他，若對之以和顏悅色，雁奴就表現得欣然異常；若冷眼慢待，雁奴就會小嘴一撇，任憑怎麼哄勸也不理你，常常惹得客人開懷大笑。雁奴與弟弟在一起玩耍，也表現出當哥哥的樣子，處處讓著弟弟。特別是雁奴的記性非常好，以前經歷過的事，隔年後皆能詳細回憶敘說。張養浩也對雁奴疼愛有加。他與妻子商議說，再過兩年，等省掾任滿，獲得一官半職就告老還鄉，安享家人團聚生活之樂。郭氏也怕再失去這個孩子，她對張養浩說，寧可自己少活十年，也願雁奴長大成人。可萬萬沒有想到，郭氏的擔心竟成為事實 ── 雁奴病了，竟一病不起。

　　雁奴生病之初，張養浩在省衙當值，公務繁忙，常常很晚才回家。每當張養浩晚回的時候，雁奴都哭著鬧著找父親；每當張養浩值夜班時，雁奴通宵都不肯安睡，要一直等到次日父親回家。直至病得已經很厲害了，小小年紀的雁奴

生怕父母見其痛苦呻吟的樣子而難受，還強裝笑顏安慰父母。張養浩日後說，莫非這孩子知道自己時日不多，要盡可能地與家人團聚？張養浩因自己沒能在最後的時日陪伴孩子而愧疚萬分。雁奴的夭折使張養浩肝腸寸斷、傷心欲絕。

張養浩熟讀儒家經典，躬身踐行儒家孝道，是個大孝子。他人居京城，卻時常擔憂在濟南老家的祖父母和父母。他覺得自己求仕在外，不僅沒有獲得一官半職，賺錢養家，反而落得如喪家之犬，不能光耀門楣，使父母心寒；如今幾個兒子又相繼夭折，自己不能撫子育嗣，倍使父母心涼，實在對不起父母，對不起祖先。

雁奴死後，張養浩把他暫時安葬在大都文明門外廣度寺之南的一片高地上，專門寫了〈子雁奴壙銘〉作為永久緬懷。雁奴死時，雁奴的弟弟張強還只有三歲，這也曾讓張養浩擔心。殊不知張強不僅長大成人，還娶妻生子，特別有出息。十年之後，張養浩又得一子，名張引，字唯遠。他能恪遵父教，讀書上進，長大後恩蔭入官，歷祕書郎、太廟令、閩海道廉訪僉事，官至江南行臺監察御史，承繼其父名節，卓有聲名傳世。這兩個兒子的成長，才使張養浩長久的悲痛心情稍得慰藉。

大德八年（西元一三〇四年），張養浩為中書省掾任期已滿，遂轉為丞相掾，任丞相院知管差。這時其好友王惲

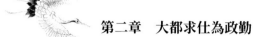

（西元一二二七至一三○四年）因病家居逝世。前幾年，他的幾位朋友中已有翰林學士承旨唐仁祖、昭文館大學士不忽木相繼去世，如今王惲亦去世，引起張養浩的無限悲思。他遂專門寫了一首七言律詩〈王內翰哀挽〉，以寄託哀思：

> 束髮耽經晚益勤，平生精力盡斯文。
> 前朝十老今餘幾，當代三王獨數君。
> 李賀屢煩韓愈駕，羊曇空阻謝安墳。
> 玉堂寥索人何在，落日淇川滿白雲。

詩中歌詠了王惲勤政為國、勤於著述的高尚情操，肯定了他身為一代名臣、為世之範的巨大貢獻，表達了王惲對自己薦舉之勞的感謝，更對好友的去世表示沉痛哀悼。

大德九年（西元一三○五年），張養浩吏職「考滿」，被選授為東昌路堂邑縣（縣治位於今山東聊城東昌府區堂邑鎮）縣尹。其實，根據元朝吏員「出職」制度，任吏期滿，經考核合格，可授予不同的官職。若曾擔任過臺、省等高級吏職，考滿之後或出任地方官，或進入中央核心部門。按照張養浩的資歷與條件，他完全可以循例得授朝官，而無須再到地方任官。但在張養浩看來，能「親臨民事，周知下情」才是為官一生最具價值意義的。張養浩認為管理一個數十萬人口的大縣，正是身為一名胸懷理想信念的學者心甘情願去追求的，遂不念官品高低，不顧官職清高卑微，怡然赴堂邑

就任。據《元史》列傳統計，有元一代，曾擔任過省掾而出
職為官的二十一人中，只有張養浩一人出職後不貪戀在中央
部門任職而是蒞任一縣之尹，由此也鮮明地展現出張養浩高
節邁俗的為官風範。

第二章　大都求仕為政勤

第三章
主政堂邑惠民生

世祖至元二十六年（西元一二八九年），張養浩被舉薦出任東平學正。這是他由「儒」入「仕」的起點，成為其人生的重大起步。而成宗大德九年（西元一三〇五年）張養浩由省掾「循例」出職，選授堂邑縣尹，則是其身分由「吏」為「官」的標誌性轉換，成為其人生歷程中的又一重大轉折點。正如入仕前他登泰山時的親身體驗：從泰山腳下的岱宗坊到中天門，山路較為平緩，少有大的陡峭坎坷；但從中天門再往上至南天門，則步步登高，亦步步險峻；只有奮然努力，一鼓作氣，才能登上泰山頂峰，領略「風雲一舉到天關」、「一覽眾山小」的愜意人生。

▎賦詩著文明心志

經過十餘年官場的歷練，張養浩早已不是那個充滿理想豪情的學子，而是成長為擁有經世為民抱負、富有臨政處事經驗的一名朝廷官員。

能做個親民官，有機會為百姓謀福祉，無疑是令人興奮的事，也正是實現理想抱負的大有為之時。在赴任堂邑的前夜，張養浩竟輾轉反側，難以入眠，索性起床，揮筆賦詩一首，作〈初拜堂邑縣尹〉以明心志：

一縣安危任不輕，初聞恩命喜愁並。
徒勞人爾豈吾意，何以報之唯此誠。

操刃豈容傷美錦，循牆誰敢忘高名。

前賢為尹規模在，他日須期與抗衡。

在這首詩中，張養浩清楚表達了出任堂邑縣的喜悅與憂慮。他把心自省，任職一方，一定要潔身自愛，為官不是借用權力為己謀利，而是要以公廉之心，思考如何報效國家、為民謀利。他把堂邑視作一方「美錦」，臨政恤民就要像裁剪製作錦繡一樣，需誠心謹慎而絕不能有絲毫馬虎懈怠。雖然自己沒有過分奢望要超越前賢名流，但是誠生愛、愛生智，只要有愛民之心，也不怕才智不及。為政一方，雁過留聲，總要留下個好聲名，留待後人去評說。詩作表達了張養浩受命堂邑以後的心情與抱負，鮮明反映了他欲清廉從政、有所作為的思想。

堂邑（縣治位於今山東聊城東昌府區堂邑鎮）於隋開皇六年（西元五八六年）正式建縣，歷史上為黃河流經之地，土地較為貧瘠，人丁眾多，且常發生各種自然災害。經過宋元鼎革、社會動亂之後，雖有元初以來的休養生息，但民眾生活依然困苦艱難。如何發展生產以撫眾養民，是身為親民官首先要面對的重要任務。

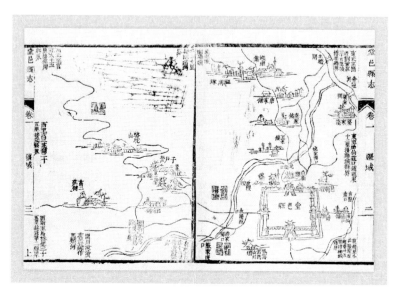

光緒《堂邑縣志》所繪堂邑縣境示意圖

▍「四知」題匾為鞭策

　　張養浩到堂邑後，欲住在官衙之內。縣衙屬吏卻對他說，縣衙官舍是「凶宅」，住在這裡不吉利，勸他另換地方居住。這是怎麼回事？經進一步了解，張養浩才明白：所謂「不吉利」之說，是緣自前幾任官員不能秉持操守、潔身自好而因貪賄罷官。而導致他們仕途不達的根本原因是自身的所作所為，並非官衙的房子不吉利。心地坦蕩的張養浩沒有理會官舍「不吉利」的傳言，堅持住進官衙，以方便辦公處事。

借鑑前任官員的經驗教訓，更是為了表明心志，張養浩踐行儒家倡導的「慎獨」學說，以身作則，躬身垂範，特意把自己的住室題匾為「四知堂」。所謂「四知」，是張養浩借用《漢書·楊震傳》記載的典故以明志。楊震（西元五九至一二四年），是東漢弘農華陽（今陝西華陰）人，他通曉經典，博覽群書，有「關西孔子」之稱。他淡泊名利，潔身自好，為官忠貞清廉，生活儉樸。他做官十餘年，不置辦產業，不修豪華宅第，食以蔬菽，衣無錦繡，徒步往來，不乘車馬。他的幾個兒子為官也都能潔身自愛，清廉自守。楊震出任東萊太守時途經昌邑（今山東昌邑），正好是以前經他舉薦的荊州王密任昌邑縣令。王密為答謝楊震的舉薦之恩，遂在夜深人靜之時，懷揣十錠黃金到驛館拜見楊震。對王密此舉，楊震甚為生氣，斷然拒絕。王密卻辯解說：「此時夜黑人靜，是不會有人知道的。」楊震義正詞嚴地說道：「天知、地知、你知、我知，怎麼說沒有人知道呢？」王密慚愧而退。對此，張養浩認為，為官貪賄，是不能守公廉之心的，也不能做到潔身自愛。居官不清白，都是因為喜奢好侈使然。不能守公廉之心，步入貪賄之壑，不僅自己深獲罪責，而且有負國恩，使親人受辱，使鄉朋蒙羞。那些假借名目索取於人者，或營利以侵民者，或因訟而納賄者，或託名假貸、托借親屬索賄者，或宴饋無禁、不知節制者，最終都

會身敗名裂。為時時提醒自己，以前人為鏡鑑，張養浩還特意賦詩〈公退書四知堂壁〉一首，題寫在居室的牆壁上，時時以為鞭策：

邑壯憐才弱，官微慮患深。
韋弦千古意，冰蘗一生心。
袖有歸來賦，囊無暮夜金。
三年何所得，憔悴雪盈簪。

詩句主要意思是說自己身為堂邑縣尹，官職雖小，但對各種憂患還是會深入思考的。唯有慮患深，才能通達事理，防患於未然。為政處事既不能懈怠，也不能操之過急。唯有甘於清苦，清廉自守，才能不卑不貪，善處進退。詩中突顯出張養浩清廉正直的人格和情真意切的為政之心。

張養浩將居室掛上一個「四知堂」的匾額，壁上題寫詩賦以自警，既是他內心崇尚楊震高風亮節的真實寫照，也是其廉潔從政的公開承諾，還是他反對當時官場歪風邪氣的實際行動。這處掛著「四知堂」匾額的建築，直到清康熙年間還完整保存。時任堂邑知縣的張茂節就進行過修繕，對張養浩的公正清廉表示敬重。

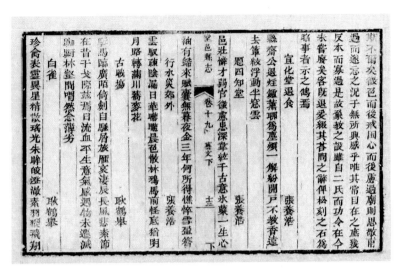

《堂邑縣志》所載張養浩〈題四知堂〉等詩作書影

悉心尋訪祛弊端

張養浩到任之初，便以民生為先務，放下身段，四處查訪，與縣衙同僚一起聽政議政，聽詢、接受下屬的參謁建議，處理百姓的訴訟疑難，對民瘼輕重、吏弊深淺、訴訟多寡以及境內有哪些大宗豪強之家等，做了詳細的調查了解。他認為，治官如治家，一家之事，無緩急巨細，皆所當知；有所不知，則有所不治也。

透過走訪，張養浩進一步了解到，縣境民眾因文化落後，加上當時非常寬鬆的宗教政策，堂邑民眾盲目迷信的風氣還較為濃厚，各地建有各種名目的祠廟，有人便藉機裝神

弄鬼，利用人們求神拜佛之際，大肆斂財，極大地敗壞了社會風氣。還有別有用心的人借助祠廟場所妖言惑眾，煽動鬧事，於社會治安大為不利。尤其是因祠廟建造過濫，徒損民力物力，還占用大量勞動人手，也於發展生產極為不利。對此，張養浩以厚風俗、明教化為先務，明令宣布「毀淫祠」，以正風俗。張養浩親自率領縣衙屬吏奔赴各鄉村山野，拆毀「淫祠」三十餘所，對那些不聽規勸繼續供奉邪教者予以處罰，對繼續斂財害命者則嚴懲不貸。從此以後，堂邑境內各類違規建造的祠廟基本禁絕，那些依靠裝神弄鬼騙人錢財的也銷聲匿跡，社會風氣大為好轉。

在此之前，元政府曾下令在全國各地修建奉祀伏羲、神農、軒轅三位中華先祖的「三皇廟」，三皇之祀遍布全國各地。由於堂邑的三皇廟是當時民眾百姓求神醫病、尋求精神寄託的主要祠廟之一，因而在剷除「淫祠」的同時，為滿足老百姓求醫看病的需求，張養浩從縣財政撥出錢物對三皇廟進行維修，在廟內設置專為百姓看病的醫學館，由縣裡的醫學管勾、教諭負責號召生員在此習醫，開展為民送醫送藥活動，極大地便利了民眾的看病求醫。

為宣揚教化，整飭社會風氣，張養浩還特意把他聽政處事的縣衙五間後堂題名為「宣化堂」，在此議事辦公，以弘揚正氣。

　　與前代一樣，農業是元代社會生產的主要部門。元朝政府重視發展農業生產，不僅頒行官修農書《農桑輯要》於全國各地，以作為引導農業生產之用，而且在任命各級地方長官的時候，官員的官銜上都要加上一個「勸農事」的名號，勸農與否也是朝廷考核各級地方官員政績的主要內容之一。然而，行之日久，所謂「勸農」，則日益變得繁文縟節、流於形式，成為弊政之一。原因就在於那些打著「勸農」旗號的官員，每到一地，往往是先期以告，地方上為此鋪張準備，預辦酒食，整合迎接。等到人至，接待伺候，奔走通知，安排視察，一連就是數天。而隨官員來的胥吏，包括侍人等隨從人員，也常常藉此為所欲為，或坦然接受請送，或公然索取賄賂等。等這一行人要走了，還要帶上地方特產及各色禮物。張養浩認為，勸農之道其實很簡單，就是勿奪農時而已。至於繁文末節，應當通通刪略。張養浩不僅是這麼說的，更是這麼做的。他到任堂邑以後，沒有去做那些表面文章，而是在民眾最困難的時候出現。他深入實際，實施減免均平賦稅雜役、獎勵墾荒、興修水利等措施，以促進生產發展，把關注民生、發展生產、消除民困、為民謀利作為其施政重心。

農桑輯要卷第一

典訓

農功起本

周書曰神農之時天雨粟神農遂耕而種之

白虎通古之人民皆食禽獸肉至於神農因天之時分地之利制耒耜教民農作神而化之使民宜之故謂之神農

典語神農嘗草別穀烝民乃粒食

上海圖書館藏元刊本《農桑輯要》書影

　　自元初起，元朝政府就建立起一套非常完備的由路府總領下的府科於州、州科於縣、縣科於民的賦役體制。賦役徵收的依據則是戶籍人口與田產的多寡。按照元政府規定的賦役徵收標準，各州縣分為上、中、下三等繳納賦稅，攤派徭役。堂邑按規定屬於中等。然而經張養浩實地調查發現，堂邑民眾賦役負擔重於他縣的主要原因就在於富戶隱匿戶口田產，貧戶逃亡脫籍，遂造成賦役不均、畸輕畸重之弊端。如何均平賦役便成為解除民困的首要任務。為此，張養浩下令訪問查實，採取重新登記戶籍與土地的辦法，檢括出大量沒

有登記在冊的漏籍戶和隱匿田產，然後據此攤派賦役，使之更為合理。

按照元政府制定的賦稅繳納則例，農戶繳納賦稅本來「分作三限送納」，即按照三期期限繳納官府。但實際上，各縣迫於上司的壓力，催賦納稅的通告往往急如星火，有的甚至是連夜催徵，使老百姓難以做充裕準備。所謂「三限送納」往往變成官樣文字。更違規的做法是那些畸零稅戶的賦稅，往往責之於各鄉村的鄉正里長，使之在其中上下其手，甚至挪用貪賄，也使應徵賦稅往往不能按時足額繳納，最後是納稅民戶承擔違欠之責，困苦異常。如何既能完成賦稅任務，又不使百姓困於逼迫，張養浩認為還是要切實貫徹「三限送納」的政策。為此，每當徵收賦稅時，他就令人在各鄉鎮張貼告示，與百姓約定期限，按時繳納；那些賦稅數額少又缺乏人手或缺乏車輛馬匹的，到時則由官府組織設點集中收納上繳。因為事先有告示通知，百姓有充裕的時間做準備；因為可在集中點繳納，大為便利，賦稅任務也就能準時完成。此舉深得百姓的擁護。

同時，張養浩還採取措施革除賦役徵收環節中的種種弊端。按照元政府制定的賦役徵收格令，一個縣的賦役徵收，實際是由縣官的副職主簿和縣衙吏員來負責的，若缺乏監督機制，容易導致某些人從中徇私謀利，出現「大斛入，小斛

出，竊其贏以自利」的舞弊行為。張養浩為此嚴格程序，嚴格監督，甚至親力親為。張養浩經常審閱賦役案牘，掌握賦役徵收的實際狀況，制定規章制度嚴格約束屬下，並透過閒暇時間安排他們讀經書、習律法，以提高其認知與素養，從而有效地避免徇私舞弊行為的發生。

對官府日常所需物品，張養浩也約束下屬公平採購，即時付錢，禁止拖欠。在採購方式上，則採取類似後世競價投標的做法，事先把官府所需物品種類、規格數量、擬採買價格等張榜於市，令商人競價採賣。這樣既保證了官府所需，又杜絕了採買環節的種種弊端。這些做法在張養浩去職多年後，仍為堂邑百姓所津津樂道。

至於其他雜泛差役，張養浩也千方百計地予以統籌解決。例如，堂邑地處南北大運河通惠河的中心地段，舉凡運河修築、官物運輸以及造作雜役等，常較他縣為重，成為百姓正常賦役之外的沉重負擔。張養浩目睹了漕運兵丁、押綱使者對百姓的騷擾。他不怕得罪朝中權貴，與主管漕運的相關機構進行溝通約定，明令禁止、嚴厲懲處各種騷擾地方民眾的不軌行為，使過往縣境的朝廷使節、漕船兵卒等，不敢肆意妄為，甚至不敢隨意索要一頓飯食，收到很好的效果。

穿越堂邑的運河近照

當時堂邑也與其他各縣一樣，要負擔為朝廷飼養官馬的徭役，這也成為老百姓的又一沉重負擔。張養浩經過調研，對原來差派百姓分散餵養官馬的方式進行改革，採取在全縣集中設立四十三處官馬廄的辦法，由官府選募專人飼養，這樣就大大減輕了民眾的負擔。

▌為民興利惠民生

要使百姓安居樂業，最根本的還是要興利惠民，發展生產。為此，張養浩經常下鄉視察，盡可能地解決老百姓面臨的生產生活問題。

有一次大雨過後，張養浩帶屬下坐上馬車到鄉下視察。由於剛下過雨，道路泥濘，車馬難行，張養浩一行乾脆下車步行。他沿途看到，雨後的天空雲霧繚繞，地頭堰邊野花盛開，廣闊的原野一派生機勃勃的興旺景象。鄉里的民眾一開始以為他們又是從哪裡來的騷擾百姓的官府「酷吏」，沒想到卻是縣尹大人下鄉走訪，遂紛紛簇擁到他的身邊，訴說莊裡鄉情、民生苦樂。此次下鄉走訪，雖然辛苦，張養浩卻收穫頗多。心情舒暢的張養浩回到縣衙以後，即興賦詩〈雨後行縣〉一首：

> 命駕行農事，江天欣晚晴。
> 泥途遲馬足，風樹遠鶯聲。
> 川回水雲活，花濃田野明。
> 長官非酷吏，耆老不須驚。

詩作暢抒胸懷，書寫所看所想，描繪出一幅情景交融的優美畫卷，表達了張養浩巡政回衙後的輕鬆心情。

但是，年景並非都是風調雨順的。俗話說，十年九旱。堂邑也不例外。就在張養浩到堂邑的次年，縣境發生乾旱，連續幾個月滴雨未下，農作物都無法存活。老百姓沒有收成，要如何度過災荒？各地民眾遂紛紛自發舉辦求雨活動。張養浩看在眼裡，急在心裡。雖然前頭有大拆淫祠、破除迷信之舉，但此時的他也沒有別的辦法。張養浩想要與民同

甘共苦，為此，他特地寫了〈堂邑祈雨文〉，率領縣衙上下與百姓一起求雨，祈望神祇幫助「贊治道、福民生、成歲事」。或許真是誠意感天，或許只是機緣巧合，又或許張養浩早有預料，就在祈雨的次日半夜開始，天就陰起來了，從拂曉至午後，竟大雨如注，下了一次透地雨。全縣老百姓為此歡欣鼓舞，奔走相告，都說此次下雨是縣尹張公誠意所致。

大旱之後往往又是大澇，澇災對農業生產的影響並不比旱災輕。有一次，連日陰雨，縣城郊區也淹了大水，張養浩為此憂心如焚。次日，天剛濛濛亮，他就急忙起身，率屬下去鄉村查看災情，督促災後農作物的補種事宜。馬車在泥濘的道路上緩慢前行。等到他們到村裡的時候，太陽都升起來了。但見天空浮雲飄移，陽光透過雲層斑駁燦爛，田裡的農作物卻東倒西歪，看來歉收是一定的。那麼，該補種什麼農作物好呢？從小就熟悉父輩從事農業生產狀況的張養浩，走到另一個村莊的時候，陡然看到田野裡有一片盛開的蕎麥花，這使他為之一振。蕎麥生長期短，只要兩三個月即可成熟，且春、夏、秋三季皆可種植，是非常能耐瘠耐澇也耐旱的農作物。常言道：「春蕎霜後播，秋蕎霜前收。」即便是蕎麥苗也能應時濟困。看到蕎麥生機勃勃的景象，張養浩繃緊的心略感欣慰。於是他安排人手，到各鄉鎮大力宣傳，鼓

勵民眾補種蕎麥以度過饑荒，收到良好的救災效果。事後，張養浩懷著興奮的心情，寫了〈行水災郊外〉一詩，回顧當時救民濟困的情形：

> 雲駁疏陰漏日華，曈曈晨色散林鴉。
> 馬前怪底猶明月，路轉滿川蕎麥花。

此詩無論是從表達的主題、展現的意境，還是寫作技巧、錘詞煉句，皆得後人高度評價。

▌整頓治安解民憂

在努力發展生產的同時，張養浩還大力整頓社會治安狀況。在張養浩到堂邑之前，前幾任縣尹少有作為，對接連發生的一些治安事件處置不力，辦案倉促草率，導致諸多遺留問題。張養浩到任堂邑之始，就發現有數量眾多案底在籍的「盜寇」，他們要遵照「朔望參」的規定，即每月農曆初一和十五，到官府接受例行訓誡，這是怎麼回事？為此，張養浩重新閱讀案牘，了解案情，調查實際狀況，最終查實清楚，那些所謂「盜賊」，其實原來都是非常本分的農民，只不過是因為災荒或家庭困苦，生活一時無以為繼，為飢寒所迫，不得已而有小偷小摸的行為，與那些以盜竊為生的人還是有較大區別的，不應不分青紅皂白地一概以「盜賊」判處對待。張養浩認為，既然對他們都已經處罰過了，現在還要

以「盜賊」視之，等於斷絕了他們的為良之心，使之難以為人。於是張養浩明令宣布罷除「朔望參」的舊制，也就等於平反了這些人的冤案。眾人為此都感動得哭了，並互相告誡說：「我們千萬不要辜負了張公的恩德呀！」

同時，張養浩對那些確實有盜竊前科、負罪在案的盜竊犯，也盡可能給予他們自新的出路。張養浩就曾經與五名盜竊犯約定，如果他們能改過自新的話，就永遠消除他們的案底，讓他們堂堂正正做人。結果，到張養浩離任堂邑時，已有三人悔過自新。張養浩由此總結道，加強宣傳教育與預防警戒，杜絕人們的犯禁之心，較之利用單純的刑罰方式懲辦打擊，更能敦促人們遠離犯罪，收到好的治安效果。

張養浩以上之舉，也絕不意味著縱容犯罪。相反，對那些橫行鄉里、魚肉百姓的鄉頑村霸，他卻絕不手軟。當時有一個叫李虎的惡霸，雖命案在身，卻仍糾集一夥臭味相投的人，結為幫派，為所欲為，為害一方，是個典型的黑社會老大。儘管老百姓難以忍受他們的暴戾，告到官府，但前任縣尹擔心惹禍上身，對李虎等人的惡行總是敷衍搪塞，不敢過問解決。張養浩了解實情後，氣憤地說：「身為父母官，不為民除害，還有何顏面面對百姓！」遂命縣尉帶人將李虎抓捕到案，按照律法予以嚴厲懲處。他的除暴戾、張正義之舉大得人心，老百姓無不拍手稱快。對這種一寬一嚴的施政風

格，後人讚譽他是「寬中見嚴，為政高手」。

張養浩整頓社會治安的一個重要舉措，就是在會通鎮主持修建「警宵樓」。會通鎮為元代南北漕運通道會通河之樞紐，是堂邑有名的大鎮，也是堂邑縣境的一個要害所在。張養浩巡察勸農會通鎮時，就有鎮內長老代表鄉親面見張養浩訴苦，說會通鎮為漕運轉輸咽喉之地，有四千多人口，但是因為離縣治有百餘里遠，治安力量薄弱，遂有豪猾不逞之徒，晝散宵聚，隨發隨逸，氣焰囂張，干擾百姓生活，民眾日夜擔憂，應想辦法予以治理。張養浩於是馬上召集負責鎮上治安的史姓、周姓兩位捕盜官與鎮上長老們商議對策，尋找解決辦法。他們遂建議說，之前就想修建一座警樓，每天派人值守，夜間配合巡夜，以便及時發現情況予以處置。材料都準備好了，只是沒能選定地點，現在盼望縣尹大人予以支持並協助解決。聽聞此動議，張養浩立即表示支持，遂親自勘察，選定會通河邊一處高地為樓址，隨後統合人力動工修建起一座上下兩層、高闊丈餘的樓閣。警樓建好後，張養浩專門派人赴大都，請德高望重的朝廷重臣、集賢大學士張孔孫題寫了名為「警宵」的匾額懸掛樓上，自己則精心撰文〈警宵樓記〉，刻石銘記此事。張養浩還在全縣推廣這一做法，包括在縣城內新修建了鼓角樓以嚴更漏，於全縣治安收到極好的效果。

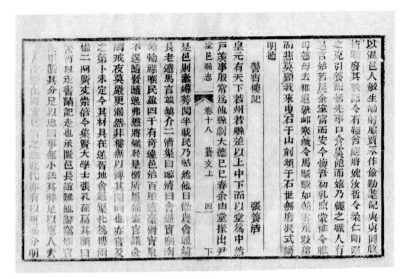

康熙《堂邑縣志》所載〈警宵樓記〉書影

　　由於張養浩大力推行以預防為主、懲辦為輔的治安之策，前來縣衙門前擊鼓喊冤的少了，人與人之間的關係變得融洽了。即使有人訴訟到縣，經張養浩親自詰問調解，講明道理，也大多會「悔悟而去」。以至於張養浩離開堂邑七年後，民眾仍感念他在堂邑的所作所為，專門請張養浩同朝為友的元明善撰寫碑文，為之刻石樹立〈縣尹張養浩去思碑〉，以紀念其政績，還修建了祠堂永為垂範。

▌律己當嚴待人恕

張養浩在堂邑的生活是忙碌的，也是充實的。他為政勤謹，兢兢業業。每當處理完一天的政務，回到他居住的四知堂後，他都會點燃添加了香料的熏爐。爐內飄出的香氣猶如雲霞般溢滿房間，令勤政一天、身感疲憊的張養浩略微放鬆下來。這時他都會反躬自省，回憶一下今天處理的政務，有哪些還解決得不夠好，有哪些還待改進，還有哪些需要抓緊去辦……待完全想清楚以後，他才能放得下心，安然地用餐吃飯。誠如他在〈堂邑宣化堂退食〉詩中所述：

縣齋公退炷爐熏，聊為塵煩一解紛。
開戶不教香遠去，篆紋浮動半窗雲。

詩作既反映了張養浩公退以後放鬆自得的心情，也昭示了他將更加用心，究心縣政，為民謀福祉。

張養浩馭下甚嚴，甚至斷了某些人的財路。但是下屬們非但不怨恨，反而交相讚譽。其根本原因就在於張養浩能以身作則，公正廉明，不謀私利，待人以誠。在一次與同僚朋友於堂邑縣郊的遠心亭飲宴後，張養浩寫下了詩作〈堂邑遠心亭飲歸〉：

小雨林梢生暮寒，野亭朋酒暫盤桓。
弄花始見春風巧，作牧方知政事難。

吉網羅鉗非我志，堯年舜日盡民歡。

他時考績甘書下，自有知音後世看。

詩作袒露出他出任堂邑縣尹，渴求的不是個人發財，而是「堯年舜日盡民歡」；也不會為了個人升官，採取「吉網羅鉗」般的方法去陷害同僚；自己不居功，不求名，求的是後人對自己問心無愧的評說。全詩鮮明地顯示出張養浩清正廉明的為官原則、兢兢業業為民造福的情懷，以及不爭名、不求利、為民謀福祉的操守。

那麼，為什麼張養浩還要說「作牧方知政事難」呢？其中一個重要原因，就是時人都知道的：在最難相處的同僚關係中，首舉縣尹與縣裡的第一長官「達魯花赤」之間的關係。達魯花赤或稱「監縣」，是元代設官立制頗有時代文化特色的制度之一。按照元朝制度規定，達魯花赤由蒙古族人或色目人擔任，主要行使監督之權。在縣級政權中，一縣長官除設有傳統的長官縣尹之外，又設位居其右的達魯花赤，為縣政第一責任人。在元代實際政治生活中，達魯花赤與縣尹兩者之間的關係，常常非常緊張，根源就在於元朝政府刻意劃分實施的「四等人制」。四等人制是指元朝統一中原過程中，元朝統治者將全體百姓分為蒙古人、色目人、漢人、南人四個等級，分別享有不同的地位與待遇。其中蒙古人身為元朝的「國族」，被稱為「自家骨肉」，是元朝統治者依

賴的基本力量。蒙古族以外的西北、西域各族人，取「各色名目」之義統稱為色目人，是蒙古統治者的主要助手。到元世祖忽必烈統治後期，蒙古人、色目人、漢人、南人四個等級序列基本形成，並進一步貫徹到元政府具體的政策制度規定中。而元朝任命的達魯花赤，多用非其人，以致「暴橫自恣」、「刻心撓法」、「陰嫉同僚」的情況就相當普遍。

儘管如此，擔任監縣的官員中，也不乏寬宏大量、為政以公的優秀者，比如與張養浩在堂邑一起供職的達魯花赤忽哥赤。在張養浩施政期間，忽哥赤對張養浩採取的改善民生、宣揚教化、整頓治安等諸多措施，都是大力擁護支持的。張養浩從屬下口中了解到，忽哥赤擔任過三任監縣，從來沒有聽說與哪位縣尹有大的隔閡矛盾。張養浩在鄉下巡察中，也多次聽到鄉民對忽哥赤的讚譽，稱之為「德人」。在實際共事中，張養浩更親身感受到忽哥赤是一位友好同僚，是一位良師益友。所以，在忽哥赤任滿轉職時，張養浩特地為忽哥赤寫了一份「鑑定書」，向中書省宰臣做了情真意切的介紹與薦舉，盼望能授任忽哥赤一個稱心的官職，還建議朝廷宣傳忽哥赤的事蹟，樹為榜樣。

其實，在張養浩執掌堂邑縣政的政績中，最應成為「矜式」而具示範作用的，還是他所著的《牧民忠告》。《牧民忠告》作為歷史文獻中最著名的官箴著作之一，是張養浩從

主政堂邑開始，利用閒暇時間，根據自己的親身體驗、細心觀察、反覆思考所著錄下來的為政心得。《牧民忠告》以一縣長官的角度，從入職、處事、為人、為政、馭下、治家等各個方面做了論述。

張養浩勤勉為政、清正廉明、除惡霸、恤貧寒、正綱紀、敦教化，有口皆碑，以至於他離開堂邑後，人們還在縣邑為他豎碑立祠，紀念他的政績，歌頌他的賢明，懷念他的為人。

三年任滿，張養浩本應入朝做京官。朝廷卻以其為政有方，在博平縣一時沒有合適人選的情形下，命他暫時代理博平縣尹。博平（縣治位於今山東茌平博陵鎮）地處東昌路以北，為堂邑鄰縣，也是一個千年古縣，與堂邑一樣地據樞要，自然需要一個有能力的人主持政事。接到任命，張養浩仍以謙謹的心情，賦詩〈自堂邑移政博平權縣事〉，表達對新任命的感受：

> 吾邑堪藏拙，胡為又此臨？
> 四知民過譽，三語吏驚心。
> 越俎慚非據，操刀愧不任。
> 幽懷誰與語，風竹有清音。

《堂邑縣志》所記元明善〈縣尹張養浩去思碑〉書影

　　詩中說自己才能有限，做堂邑縣尹本可以掩藏自身的拙劣，為何朝廷還要讓自己到博平權縣事呢？民眾說自己為官清廉，那是過高的讚譽。以自身的才能權博平縣事是越俎代庖，無由勝任，恐怕做不出什麼成績而愧對朝廷的信任。但是自己也不會庸庸碌碌，無所作為，一定保持自己的操守，努力做到不負眾望，不辜負朝廷的重託。詩作含蓄蘊藉，抒發出張養浩的胸懷與抱負。

　　然而就在這時，朝廷政壇風雲突變。大德十一年（西元一三〇七年）正月，元成宗去世。他唯一的兒子德壽卻有德無壽，大德九年（西元一三〇五年）被立為皇太子，半年後

即病死。儲位虛懸，元朝統治集團內部發生爭奪皇位的激烈衝突。中書右丞相哈剌哈孫等支持成宗的姪子懷寧王海山為帝，中書左丞相阿忽臺等人卻想擁立成宗的堂弟安西王阿難答繼位。當時海山正統領大軍防禦元朝北部邊境，一時回不了京城，而安西王阿難答卻身在大都。情急之下，哈剌哈孫一面派人急催海山回都，一面派人去懷州（今河南沁陽）迎海山的弟弟愛育黎拔力八達入京。因為愛育黎拔力八達距京城近，故先到大都，搶在安西王阿難答躊躇不定之時發動軍事行動，將阿難答等人逮捕囚禁，後處決。愛育黎拔力八達以監國名義執掌大權，後迎海山入京即帝位，是為元武宗，愛育黎拔力八達被立為「皇太子」。

皇位的更迭，也直接導致元朝廷群臣隊伍的又一次大換血。隨著一批官員遭屠戮、被放逐、被解職，朝廷亟需擢用一批新的官員來補充空缺。正是在這一背景下，張養浩被徵召入京，於武宗至大元年（西元一三〇八年）先被任命為輔佐「皇太子」的宮師府文學，尋進司經宮府，繼拜監察御史，開始了長達十餘年的京官生涯。

第三章　主政堂邑惠民生

第四章
直言敢諫真諍臣

水唯曲折海能通，指事直言未必功。

嘗愛左師開趙後，雍容宮殿滿春風。

張養浩於至治初年辭官歸居濟南後，在雲莊家中讀史時有感而發，付諸筆端，遂賦成「詠史詩」四十餘首，借史詠懷，以明心志。這首詩是此組詠史詩之一，題為〈左師觸龍〉。

觸龍是戰國時期趙國的著名政治家。據《戰國策·趙策》記載，西元前二六五年趙國君主趙惠文王去世後，他的兒子孝成王繼位。當時孝成王只有十四歲，由趙太后掌實權。就在趙國政權更替之時，秦國趁機發兵大舉攻趙，連拔三城，趙國形勢危急，趙國朝中有人提出只有聯齊抗秦，才是救趙上策。於是趙國派使臣求救於齊，齊國則提出以趙太后的幼子長安君為人質作為出兵救援的條件。趙太后因溺愛兒子執意不肯，大臣們屢言強諫，趙太后就是不答應，形成僵局。這時左師觸龍入宮面見太后，他因勢利導，用聊天的方式告訴趙太后，家長對子女真正的愛，應是為他們的長遠利益著想，讓其經受鍛鍊，為國立功。趙太后最終醒悟，欣然同意派長安君出質於齊，遂得齊國援助，這才解了秦兵之圍。張養浩此詩盛讚觸龍的善於進諫，也肯定趙太后的納諫胸懷。但意在言外，此詩卻是針對現實而發。張養浩希望元朝君臣也能像歷代先賢那樣，勇於納諫，積極進諫，期待清明政治如春風雨露，灑滿天下。

觸龍說趙太后

在張養浩前後三十餘年的仕宦生涯中，先後擔任過御史臺令史、監察御史、陝西行臺御史中丞等監察之職。他勇於直言進諫、疾惡如仇、知無不言、言無顧忌的擔當品格，深得時人稱賞。

身履諫職進諍言

大德十一年（西元一三〇七年）正月，在位十三年的元成宗在大都皇宮玉德殿去世，享年四十二歲。成宗本來有個獨生子名德壽，卻無奈在被立為皇太子後不到半年就病死了。德壽德壽，壽既不永，何從言德。朝廷重臣以成宗死後無嗣，擁立成宗的姪子海山即位於上都，做了忽必烈建立大元王朝後的第三任皇帝，是為武

元武宗畫像
選自清人繪《歷代帝王真像》

宗，改元「至大」，海山的同母胞弟愛育黎拔力八達被冊立為「皇太子」。

　　皇弟被立為「皇太子」，是元朝實行的特殊皇位繼承制度。海山即位後，愛育黎拔力八達受皇太子之寶，約定兄終弟及，叔姪相傳。

　　這年秋天，先出任堂邑縣尹，繼又權理博平縣事的張養浩被徵召入京，被任命為東宮官員宮師府文學，但還沒上任就又改任為司經。由於一是重返京城為官，二是所任職務是宮師府司經，主要是伴侍「皇太子」愛育黎拔力八達讀讀書、寫寫文章，張養浩的心情自然是放鬆灑脫的。但他的好心情沒能持續多久，到這年年底，他就改任御史臺監察御史，開始其諫職生涯。

　　武宗前後在位不足四年，朝廷政治基本上是成宗時期的延續，面臨的是一個貌似強大安定、實則弊端叢生的政治局面。由於成宗在位時秉承元世祖時期的「成憲」，以「持盈守成」為基本國策，為政強調寬宥「唯和」，垂拱而治，致使官僚機構急速膨脹，冗員冗費嚴重，行政效率低下，貪汙腐敗等各種弊端日漸突顯。同時元王朝的金融體系也產生了越來越多的問題，市場上流通的至元鈔大幅貶值，物價飛漲，通貨膨脹，嚴重影響著政府的財政收入。

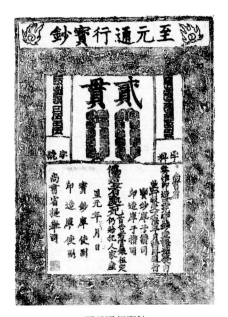

至元通行寶鈔

　　對此，張養浩看在眼裡，急在心上。他初任御史臺令史時，就以敬業勤奮、公正無私的品格獲得平章政事兼御史中丞不忽木的賞識，稱讚他為「真臺掾」。如今身膺「批龍鱗、犯雷霆」的監察御史之職，張養浩更感責任重大。

　　此時與張養浩同時受命擔任監察御史的，還有河中人郭思貞。郭思貞字干卿，是由中書右司員外郎調任御史臺的。在此之前，張養浩雖與郭思貞早就認識，有過接觸，但相互了解並不多。隨著同臺為官，共事憲府，兩人交往日深，彼此默契，互相勸勉，盡心履職。

　　但鑑於此時政治環境險惡，每當有政事要奏諫時，兩人還是預先就所奏之事充分討論，共商利弊。兩人為政處事各有所長：張養浩公正無私，勇於仗義執言；郭思貞則心思縝密，謀劃深遠。於是兩人凡有合作進諫，皆能做到有的放矢，有案可稽。對重大事項，兩人聯銜奏明，共同擔責，都能引起朝廷重視。每當得罪權臣貴要，或冒犯皇帝，使兩人身處險境時，兩人互為聲援，進而化危為安、化險為夷。

▌西臺上疏照丹心

　　武宗自少生活在漠北地區，草原情節尤為深厚。他即皇帝位後，繼續原有的「兩都巡幸」制度，每年早早就移駕上都，在上都臨朝聽政。張養浩身為御史臺官員，常奉旨隨伴。在赴上都途經龍門（禹門口，位於今山西河津西北，為黃河晉陝峽谷的南端出口，以兩岸峭壁對峙形如關門，故名）時，張養浩為龍門一帶波瀾壯闊、氣勢雄渾的景象所打動，情不自禁地寫下了〈過龍門〉的長詩。詩句中「山水何地無，雄渾獨朔郡（名山勝水無處不有，然而只有北方的山水才能給人雄偉、渾厚的感覺）。吾元此開基，德澤被餘潤（元王朝在這一地區開創帝王基業，澤被後世諸代）。我來自神京，一路翠無盡（我從大都而來，沿途景色翠綠無比，令人陶醉）。大峰儼宸居，小峰翼趨進（高大的山峰儼然朝廷

的宮殿雄偉莊嚴，而那些小山像群臣朝君似的翼趨而進）」
表達了他對國家奇偉山河的讚嘆之情，情感真切，寫景如
生，極富感染力。張養浩此後再經過此地的時候，又以豪放
的筆調、質樸的語言，寫下了〈龍門〉一詩：

> 四野天門錦翠屏，愛山直欲挾山行。
> 人生何必麒麟閣，大字龍門記姓名。

詩作既讚揚了大禹造福萬代的不朽功德，同時也抒發了
自己建功立業的政治抱負。

武宗在位施政，加倍發揮了成宗時期的「溥從寬大」、
「唯和唯新」的基本國策，而他的奢侈揮霍、揮金如土卻遠
超成宗時期。為了爭取蒙古貴族的支持，武宗對諸王勛戚濫
賜封賞，加官晉爵，經他御筆賜官的前後就有近千人。忽必
烈時期非嫡系子孫從不封一字王，而武宗晉封蒙古貴族一字
王位者卻多達十五、六人，甚至將駙馬也封為一字王。稱國
公、司徒、丞相者，更是相望於朝。連宮廷優伶舞伎、和尚
道士也身授中樞政要職銜。加之興建佛寺、治理運河、修建
宮殿等，導致財政狀況日益惡化，國庫空竭，入不敷出。但
錢從何來？武宗遂步元世祖後塵，採取重立尚書省理財的老
套，企望以尚書省職掌財政，擺脫困境。大德十一年（西元
一三○七年）九月，武宗下詔議立尚書省經理財用，卻因御
史臺官員持異議甚力，未能實行。

這期間，張養浩以匡時濟世、大義凜然、責無旁貸的浩然正氣，寫下了〈西臺上王者無私疏〉的奏章，不怕冒瀆皇帝威嚴，毅然奏明朝廷。他以「名爵賞罰，天下之公器」的明確態度，反對朝廷「賞罰無度」、「耗竭公儲」。他認為，朝廷應堅持賞無所私、罰無所私的執政原則，來治國理政。唯有至公無私，方能彰顯朝廷聖明，垂拱無為而天下大治。同時他與臺內諸臣一道，站在反對設立尚書省理財的鬥爭前列。

〈西臺上王者無私疏〉載《張文忠公文集》

隨著國家財政狀況的日益惡化，各地物價急速上漲，物重鈔輕，鈔法大壞，通貨膨脹日益嚴峻，中書省臣一次次驚呼「廩藏空虛」。為擺脫日益嚴重的財政危局，武宗遂不顧眾臣反對，於至大二年（西元一三〇九年）八月特批設立尚書省，鑄尚書省印，由尚書省自己任命官屬，進行財政改革。

執掌尚書省事的「言利之臣」脫虎脫、三寶奴、樂實等一班人實施的所謂「理財」新政，其實也沒有什麼新的花樣，只是透過大量印製貨幣以增加國庫收入而已。這年九月，脫虎脫等人變更鈔法，罷廢至元鈔，新造「至大銀鈔」頒行全國。還在京城及山東等六大行省設立名為「泉貨監」的專門機構，以管理金融事宜，鑄造此前從未使用過的銅錢「大元通寶」和「至大通寶」，通行於市，下令與「歷代銅錢相參通用」。此舉不僅使銀鈔大為貶值，而且直接導致金融市場體系加速崩壞，財政赤字創元朝建立以來新紀錄，被人譏諷為「叮叮噹噹，怎一個亂字了得」。

至大通寶錢

　　除依靠大量印製錢幣來增加收入外，尚書省還新定課稅法，向民眾徵收各色苛捐雜稅，企圖透過增加稅收來解決財政困境。為增加稅收收入，朝廷還下令以徵稅多少作為考核稅務官員政績、評定等級的標準，規定稅科增收九分者為「最」，不到三分者列為「殿」，分別予以上酬、中酬、下酬的待遇。這種以新增課稅、鼓勵多收稅的辦法來化解財政危機，無異於飲鴆止渴。對此，張養浩再次上書朝廷，直斥尚書省的做法是「變法亂政，將禍天下」。

　　至大二年（西元一三〇九年）冬天，按照世祖時期確立的制度，皇帝應親率朝臣在大都城南舉行南郊大祀，以祭奠昊天上帝和后土地祇諸神。然而武宗卻以身體有病為由，沒有親自主持大典，而是派一位大臣代理主持祭祀儀式。孰料，在典禮進行中，剛剛還晴朗溫和的天氣卻驟變，狂風大作，強風裹著嚴寒轉瞬而至，在場的人沒有防備，竟有年老體弱者因此被凍死。在今天看來，這種極端天氣應該是一股強勁寒流不期而至，但當時卻被人解釋為天象示警，老天爺發怒懲戒眾生。張養浩當場對執政大臣說：「代祀非人，故天示之變。」他的話引起了宰臣們的極大不滿。

　　因為御史臺官員極力反對設立尚書省，又不斷抨擊尚書省一班人變亂鈔法、增課斂財等「理財」新政，使執掌尚書省大政的權臣脫虎脫等人把御史臺視為眼中釘、肉中刺。他

們向武宗進讒言,要把選用御史臺官員的人事權交給尚書省。

得知此消息後,張養浩上書朝廷,堅決反對由尚書省來執掌御史臺的用人之權。他舉例說,朝廷設置縣尉之職,是令其職掌一縣治安、捕捉盜賊的,縱使任用的人不稱職,但也絕不可能讓盜賊來決定縣尉人選。

▍不避斧鉞言時政

張養浩出以公心,屢次進言,結果卻猶如石沉大海。張養浩心情備受壓抑,感到前途渺茫,心灰意冷,無所適從。他在〈上都察院〉的詩中就描述了此時的心境:

> 柏臺人散坐堆豗,默記灤江四往回。
> 髮為鳶冠容易雪,心因蝸角等閒灰。
> 慚無元素回天策,空負坡仙酹月杯。
> 兩處飄零家萬里,亂山遮斷白雲堆。

上都遺址照

　　詩中大意是說在上都察院的日子，過得懶散無味，終日操勞，不覺白髮滿頭，眼見權臣橫恣而自己無回天之力，不免心灰意冷。詩作意境飽含幽憤悲傷，有一唱三嘆之感。他這時寫的另一首詩〈客中除夕〉，則更直接流露出對仕途險惡、事業無成的深深感慨：

> 野性嶢嶢不耐官，強顏塵土步邯鄲。
> 移文久為雲山笑，捧檄聊供菽水歡。
> 香返梅魂春一脈，愁叢燈影夜千端。
> 古人事業餘何有？羞見茅齋歲又闌。

　　但是張養浩並沒有因此而消沉下去。至大三年（西元一三一〇年）九月，面對朝廷政局的日益混亂，身負言官勸諫的責任感，懷著為國為民的使命感，他毅然抉擇，不避斧鉞之虞，把醞釀已久、反覆斟酌、洋洋灑灑萬餘言的〈時政書〉進呈給武宗。在〈時政書〉中，他披肝瀝膽具白當世之務，表達對時局的擔憂，提出力革時弊的系統主張。

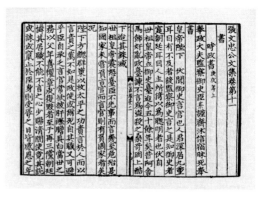

〈時政書〉書影

　　為引起朝廷的重視與關注，張養浩在〈時政書〉中，首先列舉了世祖時期與當下政局的巨大差異；接著又列舉了執政大臣奸謀詭計、謬論詐忠以熒惑朝廷，以欺天罔人、口是心非、翻手為雲、覆手為雨所造成的沉痼之疾。為此，他申明自己敢冒雷霆之威，不避一身之禍而進言，就是上為列聖惜，下為百姓憂，直揭朝政瘡疤，目的就在於期望朝廷能傳承祖宗之彝憲，重質樸，輕浮華；薄巧言，敦實行；務守成，重改作，以成天下圖治之美意。然後在〈時政書〉中，張養浩重點列舉了蠹政害民尤甚的十大弊端。

　　一是朝廷賞賜太過奢侈。武宗即位之後，便在宮中宴樂七天，大慷國家之慨，把國庫中儲藏的綾羅綢緞，盡數賞賜給近親宗王貴戚和支持他做皇帝的蒙古貴族。還在宮殿中撒下無數大粒的珍珠、寶石，類似天上星宿布滿一般，讓殿下臣屬任意拾取。排場之奢侈，駭人眼目。對此，張養浩認為，國家制定爵賞之制，是為了獎賞有功，昭明有德，砥礪群情，做事創業。功有大小，賞有重輕，德有厚薄，爵有高下。若認為某人可得爵賞，雖是自己的仇人也毫不吝嗇；若認為不可賞，就是自己的親人也不能隨意授受。張養浩在上書中說，朝廷用來賞賜的資財，其實都是老百姓殫精竭力奉獻上來的，是朝廷儉省節用、銖累寸積儲備起來的，是為了供祭祀天地百神所用，以成朝聘享俯之禮，也是為了邊陲征

成之需，以備年歲凶荒之變。為此張養浩引用《易經》中的話，勸誡朝廷要「節以制度，不傷財，不害民」。他還引用《論語》中的話，要朝廷「節用而愛人」。

考古出土的元上都宮殿漢白玉螭首（現收藏於內蒙古博物院）

　　二是刑罰禁令太過寬鬆。武宗繼位後的三年之中，為顯示皇恩浩蕩，連年下赦免令。至大元年（西元一三○八年）正月下詔處理關押的貪官汙吏，僅以追贓革職了事。孰料有些罪囚被赦放出獄之後，大者仇害事主，小者再去掠奪百姓。有的則是朝蒙恩赦而夕又被抓，且出囚禁而暮去殺掠。張養浩認為這都是刑罰太輕的緣故，致使人無畏懼之心。為官者無所懼怕，一旦罪行暴露就設法逃匿；為民者不懼懲

戒，就愈益無法無天。張養浩提出，須申嚴法令，嚴格執
法，才能收到令行禁止之效。

三是名位爵賞太濫。武宗即位後，為籠絡人心，大加賞
賜，財力不支，就只好用濫封爵賞的辦法予以彌補。為朝廷
演唱的戲子、供應朝廷的屠戶商販、為朝廷念佛布道的僧
道，有授予左丞、平章、參政等官銜者。其他因修造而晉官
秩者，以技藝而得爵位者，號稱國公、司徒、丞相者，相望
於朝。有一個小太監李邦寧，就因善於阿諛奉承，竟被封為
大司徒兼左丞相。這是何等荒謬！而且，武宗肆意增設官
職，根本不經中書省走程序，隨意對親隨封官晉爵，致使吏
治大壞。對此張養浩認為，若是不分臧否勞逸，只憑朝廷好
惡，就給予極品之貴，這就使官位名爵失去激勵勸進的功
效。張養浩以人穿衣服為例說，之所以人們認為穿狐白鳳錦
的衣服高貴，是因為穿的人少；若人人都穿狐白鳳錦，則穿
狐白鳳錦就與服粗布毛衣沒有多大差別。他認為，官位名爵
賞賜與否，實與朝綱張弛、人情離合、國體強弱緊密連繫在
一起。為此，他提出朝廷應嚴格爵賞之制，對那些勤慎盡
職、立有戰功的官員，該賞則賞，該晉升的就晉升；而對那
些透過賄賂、買賣、請謁得來的官職，應命令有司嚴加審
核，按制度予以罷黜。

元代漢白玉雕龍角柱

四是朝廷綱紀太過軟弱。張養浩認為，國家之有臺憲，猶如邊陲有御兵。雖敵人遠遁，而反側之患不可不防。雖奸黨斂蹤，而專擅之謀不可不察。他指出：「御史臺乃國家耳目所在。」「省有宰執，為朝廷股肱；臺有言官，為朝廷耳目。」這就好比一個人，必先耳聰目明，然後才能運用股肱。若耳目有所矇蔽，股肱焉能運動自如？做君主的與為宰相的也是這樣的關係。君主要想保全宰相，則莫若精選言官。因此，張養浩反對尚書省剝奪臺憲之權，堅決維護臺憲言官的責權利益。

五是朝廷大興土木超過限度。武宗即位以後，不顧各地蝗旱之災、十室九空的社會現實，卻大興土木，創城中都，崇建佛寺，為勛貴高官修建宅第，以致外有佛寺增修之擾，內有宮觀展造之勞。張養浩認為，土木之役，只能相時而舉，度力而行，可則興，否則輟。

六是朝廷頒發號令太過輕浮。張養浩認為，治國理政，令行禁止，最重要的是應嚴號令。而現在朝廷用人，不察其

行，不求諸公，隨意黜調，有若弈棋。立法舉事，莫不如此。張養浩認為，導致這種情況的原因就在於執政之臣心胸狹窄，剛愎自用，恃寵自大，不諳人情，不審時勢，不明事理，而急求於迎合之私，牽掣於好惡之過，拘泥於聞見之迂，所以輕率無謀，而徒為紛擾。張養浩指出，要做到下情上達、上澤下布，必須廣詢利弊、詳究可否、慎重出令。

七是奸邪佞幸者太多。張養浩指出，今國家制度寬鬆，諸王宗室皆有生人、殺人、進退人之權。歷來慶賞刑威皆出於朝廷，如今情況全變了，則飛揚跋扈之勢成，要想制止糾正，恐非一日之功。為此他建議說：「伏望朝廷自今待宗藩以恩而濟之以義，遇群臣以禮而輔之以嚴。凡一切鄙俚之談、隱微之請，並賜禁絕。庶使尊卑之分明，而政柄歸乎一矣。」

八是社會風氣太侈靡。張養浩認為，風俗乃國家元氣，風俗厚薄關係國之安危。風俗厚則元氣盛，而享國之日長久；風俗薄則元氣衰，而享國之日就難以預料。治理天下簡易之道，無過於風教之倡。他強調以上率下、率先垂範的示範作用。他引用《論語》中的話說：「其身正，不令而行。」又引孟子的話說：「賢者以其昭昭，使人昭昭。今以其昏昏，使人昭昭。」假如朝廷有志於移風易俗，可以確信是不難做到的事。

　　九是宗教異端太驕橫。武宗篤信佛教。他即位後，大事興建興聖宮，動用大量僧侶為之念佛祈福；下令徵調兵士、民工興建五臺山佛寺；在大都城南建造寺廟，令大批喇嘛翻譯佛經以便誦讀，為此耗費大量財力物力。張養浩建議，宜諭旨有司，凡天下有夫有室的僧尼道士女冠之流，自今並勒為民。

　　十是朝廷任命宰相太隨意，應慎選宰相。武宗即位後，用人命官太過隨意。表面上說是聽其言，觀其行，實際卻似是而非，失於辨別與深察。所用脫虎脫、三寶奴、樂實等人，日後證明都是奸佞小人。張養浩指出，宰相之職，治國理政，表率百僚，是國之柱石、民之冠冕。宰相賢愚與否，實則關係天下治亂安危。歷史上，凡是天下大治、社會安定、經濟發展、政熙民和之時，必然是朝廷命相得人所致。凡是綱紀敗壞、小人得志、民生凋敝、政治混亂之時，必是選相不得人所致。用人得當與否，實則關係天下之治理，應慎重其選。張養浩認為，任命宰相，應該上合天意下順民心。他期望朝廷自今凡是有大的任命，應當由群臣參與決策，唯人是論，唯賢所用。而不能僅憑君主的好惡、憎愛而隨意決定。如此，才能使廟堂無冒進之嫌，人主無偏聽之失，行公道，行正道，而使政令暢通。

　　在上書中，張養浩殷切盼望朝廷能見之明、守之固、行

之必，事祖宗以孝，遇臣下以仁，懷生民以惠，其鋒芒所
向，上至皇親國戚、達官權貴，下至淫僧邪巫、簧鼓流俗，
針砭入微，直揭膿瘡。

　　張養浩勇於說真話的錚錚鐵骨，令人欽敬。由於張養浩
在上書中毫無顧忌、毫不隱諱地直斥皇帝身邊的奸臣，又坦
率直爽地批評皇帝，字字句句戳中了當權者的痛處，引起了
武宗及宰相脫虎脫等人的不滿。

　　武宗及尚書省一班人礙於張養浩的言官身分，只能先藉
故把他趕出御史臺，調任翰林國史院任翰林待制，再以莫須
有的罪名將其罷免閒居。武宗還專門下了一道諭旨，明令
省、臺永遠不得復用張養浩。即便如此，脫虎脫等人還不解
恨，他們密謀蒐集張養浩任職期間的所言所行，欲構陷羅織
新的罪名，治張養浩以死罪。

　　面對執政者的無情追擊與迫害，張養浩的同事們都替他
捏了一把汗，暗地裡為他通風報信，催促並協助他趕快逃離
京城以避禍。張養浩只好脫下官服，換上便裝，變易名姓，
躲過盤查，混出城門匆忙逃遁而去。

　　據說他是連夜馬不停蹄地南下躲藏到了沂蒙山區，也有
人說他南下到了閩廣一帶，是待風聲稍息後才回到濟南的。
而留在京城的張養浩好友，每每路過張養浩在京城那人去屋
空的舊居時，都不敢正視一眼，生怕因為與張養浩同臺共過

事，或因曾對張養浩表示過支持與同情，被牽連進去，遭受同樣的報復與打擊。

　　張養浩被罷官逃出大都兩個多月後的至大四年（西元一三一一年）正月，酒色過度的元武宗病死了，時年三十一歲。因為有「兄終弟及」的約定，武宗死後，「皇太子」愛育黎拔力八達即皇帝位，是為元仁宗。

　　仁宗是元代皇帝中非常有作為的一個。他即皇帝位後，順應人心，罷廢尚書省，以「變亂舊章，流毒百姓」的罪名，將脫虎脫、三寶奴等逮捕處死，罷止修建中都的浩大工程，罷止數處專供皇室御用的宮室營造，罷止江南大量印雕佛經，罷止專買專賣浙鹽，禁止寺廟侵奪冒占民田，廢止至大銀鈔和至大銀錢……這些為張養浩的復出打下了基礎，為他的仕途帶來「柳暗花明」的轉機。

第五章
主持科舉攬人才

在元代帝王中，元仁宗愛育黎拔力八達對儒家思想、漢族儒士情有獨鍾，他曾論儒、佛、道三家精神說：「明心見性，佛教為深；修身治國，儒道為切。」元仁宗能有這樣的思想和認知，是因為他長期生活在漢地，受到儒學的薰陶與儒家思想的教育。

元仁宗畫像　選自清人繪《歷代帝王真像》

早在元成宗時期，成宗皇后卜魯罕居中用事。她出於私心，在成宗立其偏愛的兒子德壽（其實德壽不是她親生，德壽的親生母親是成宗的第一個皇后失憐答里。失憐答里福薄不幸早死，德壽也在被立為皇太子半年後夭亡）為皇太子之時，生怕成宗哥哥的兩個兒子海山和愛育黎拔力八達威脅德壽的皇位繼承，於是藉故把海山外放到遠離大都的漠北邊

疆，把愛育黎拔力八達與其母一起貶出大都居於懷州（今河南沁陽）。誰也沒有料到，海山與愛育黎拔力八達兄弟兩個在成宗死後，卻先後登上帝位，一為元武宗，一為元仁宗。

復官任職中書省

　　愛育黎拔力八達與海山兄弟倆，曾同以漢族名儒李孟為師，接受儒學教育。愛育黎拔力八達被冊立為皇太子之後，著名漢族學者姚燧、蕭𣂪、商琦等人又先後為東宮官員。他們盡心盡力輔佐愛育黎拔力八達。等到愛育黎拔力八達即帝位後，中書省執政大臣中就有當時知名儒臣李孟、李謙、尚文、蕭𣂪、王思廉、程鉅夫等人，成為影響朝廷決策的主要人物，是仁宗施政的主要商討者和執行者。正是在這樣的政治背景下，罷官家居的張養浩在仁宗即位之初，即被起復入京，召任為中書省右司都事。

　　張養浩接到任命，向親人辭行。離別故鄉總不免令張養浩心緒惆悵，依依難別。他赴任前所賦〈留別鄉里諸友〉一詩，表達的就是這種依戀不捨的心情：

　　粉署銜香十許年，故鄉重到重留連。
　　子牟戀闕心空赤，江總還家鬢尚玄。
　　金縷歌殘華鵲月，蘭舟搖碎灤湖煙。
　　一襟離恨東州路，莫訝羸驂不肯前。

詩作流露出眷戀故鄉、不願再仕的心情。詩的頸聯以「歌殘華鵲月」、「搖碎瀲湖煙」，表現了一個「戀」字；尾聯以「離恨東州路」、「羸驂不肯前」，表現了一個「留」字。詩意相承與形式對比，隱約表露出張養浩去留不定的矛盾心情。但是，理智戰勝情感，張養浩最後還是告別了故鄉親友，重返大都，走馬上任中書省右司都事。

　　仁宗即位，罷尚書省。中書省仍為中樞行政決策機構，執掌朝廷大政。此時中書省下設右司和左司分管朝廷相關政務。張養浩所任右司都事主要掌管兵房、刑房、工房諸科行政事務，職責重要但頭緒繁雜，常常要加班處理相關事務。

北京松堂齋民間雕刻博物館收藏的元代宰相府門前〈武士飲獸圖〉門墩

在一次值夜班時，身處寧靜的夜晚，沒有了白天人馬禽鳥的喧擾，遠望著屋外樹蔭下的長廊，回想起此前遭受的政治迫害與打擊，張養浩一時難忍對故里的思念。儘管身處繁花簇擁、瓊島春陰的京城之地，但張養浩的內心仍不免空虛。面對眼前成堆的文書，身為一介書生，張養浩唯有苦中作樂，遂賦詩〈直省〉一首：

> 翠蔭長廊樹影深，塵喧收盡鳥遺音。
> 古今吾道窮途恨，日夜家山故國心。
> 花簇鳳池春欲合，雲連仙島晝常陰。
> 書生習氣真堪笑，簿領如山尚苦吟。

詩作充滿復官後痛定思痛的回憶，抒發「吾道窮途」之恨，流露出道不行而思退隱的心緒。

儘管宦海變幻難測，仕途榮辱無常，年僅壯歲而白髮滿頭，但此時的張養浩再仕為官，還是暗下決心，欲不辱門楣，傾心為公，結交友朋，心態已超然於外。他在另一首〈直省〉詩中寫道：

> 是非榮辱日相尋，壯歲何堪白髮侵。
> 三釜若非親有命，片帆應與世無心。
> 天公所靳唯清福，交友難逢是賞音。
> 何日超然遂初志，溪山佳處恣登臨。

　　詩中表現了張養浩追求的是等到功德圓滿之日，以遂初志，恣心放懷，暢遊山水的一種閒逸情懷。

　　有一天，又是一個當值日，天下著小雨，長廊靜，人聲息。張養浩再提筆賦〈直省〉詩曰：

> 微風吹雨濕層陰，寂寂長廊靜足音。
> 怒虎九關天日遠，冥鴻一線海雲深。
> 求田素有陳登志，作吏初非叔夜心。
> 說與饑鳶休嚇我，掉頭巢父正長吟。

　　詩中化用宋玉〈招魂〉「虎豹九關，啄害下人些」、揚雄《法言‧問明》「鴻飛冥冥，弋人何篡」、《三國志》記劉備論陳登「豪氣不除」、嵇康以「不堪流俗」拒官等多個典故，表達自己的再次出仕完全是「憂國忘家，有救世之意」，而非為功名利祿，自己也絕不會以進退為縈懷，由此反襯那些「以小人之心度君子之腹」的傾軋者的醜態。

　　至大四年（西元一三一一年）三月，仁宗在大都大明殿舉行即位大禮，正式即皇帝位，次年改元皇慶。仁宗在位前後十年，而這十年也是張養浩仕宦生涯最為輝煌的時期。

　　相較於武宗時期，此時朝廷內外各種勢力因暫時的利益一致而處於較平和的狀態，社會也較為安定，加上有李孟、張珪等一班能臣輔佐，仁宗蒞政後確實給人氣象一新的感覺，史稱「皇慶之治」。而仁宗也非常堅定地貫徹實行以儒

治國的國策，大力招納儒學之士為朝廷所用。正是在這一政治背景下，皇慶元年（西元一三一二年），張養浩由中書省右司都事擢為翰林國史院翰林待制。第二年十月，復由翰林待制升為翰林直學士。次年仁宗再改元「延祐」，張養浩亦由翰林直學士，改任祕書少監。兩年三遷，昭示著張養浩的仕途前景一片光明。

居位經筵進諍言

儘管得到提拔重用，但張養浩並沒有因飛黃騰達而忘乎所以。就在皇慶元年（西元一三一二年）秋天，大都宮廷中有棵梨樹居然秋日開花，花朵雪白。梨花應在春天開放，現在看到「秋日梨花」，人們自然感到好奇，於是爭相觀看。其實，梨樹反季節開花，是一種病態現象，原因大概是春季梨樹葉被蟲害食盡，到秋天氣溫如春時，梨樹重生嫩芽新葉而開花。張養浩也前往觀賞。他睹物思人，浮想聯翩，揮筆寫就〈秋日梨花〉一詩：

> 雪香吹盡樹頭春，誰遣西風為返魂。
> 月影已非前日夢，雨容獨帶舊時痕。
> 只知秋色千林老，爭信陽和一脈存。
> 莫訝殷韓太多事，仙家原不計寒暄。

梨花盛開

　　此詩形式上是歌詠梨花秋開，內容卻是一首詠物寄情詩。詩中寓意張養浩在經歷一番政治風雨的吹打後，仍會不屈不撓，再接再厲，像秋日梨花一樣，綻放出光彩的花朵，飄溢出襲人的芳香。

　　張養浩在任職國史翰林院期間，仍一如既往地就朝政建言獻策，其中最重要的上書是進諫仁宗皇帝的《經筵餘旨》。

　　　　　　　　　　　　　　《經筵餘旨》書影

在這篇奏疏中，張養浩以「盡為臣之心」的殷切心情，從效法「堯舜之道」的高度，就君道、君德、君體、君威、君治等「為君之道」做了詳細闡述。他指出，剛健篤實，輝光日新，為人君之德。天之道，就是君之道。天道無私，人君亦應無私。唯簡唯靜，為人君之體。不殺諫臣以振作臺諫敢言之氣，此為天子之威。人君致治之要有三：一曰宰相得人，二曰臺諫得人，三曰左右侍從得人。希望朝廷大力鼓勵進諫，弘揚正氣，營造風清氣正的政治環境。

張養浩的上書，忠言逆耳，言真意切，為仁宗所嘉納。

▌為國選材秉公心

相較於元代其他皇帝，仁宗算得上是一位「兢兢守成，唯祖是式」的帝王。仁宗即位後，重用儒臣，重視學校教育，重視人才選拔。又開創經筵之制，進用儒雅之士。為了整頓吏治，改革由吏入仕制度帶來的弊端，仁宗與身邊大臣反覆討論「求賢取士，何法為上」的問題。他採納李孟的建議，下令廣納漢族儒士。他又採取措施助學興教，把國子監生員名額由一百二十人增加為三百人。最重要的是他採納李孟科舉選人的建議，決意恢復科舉制。

皇慶二年（西元一三一三年）十一月，仁宗下令頒布《行科舉詔》，闡明科舉選人的重要意義，確定了鄉試、會

試、御試三級考試之制，並就三級考試的考試期限、考試程序、考試內容和錄取標準等做了原則規定。仁宗命中書省參酌古今之制，就鄉試、會試、御試制定了具體的考試程序，包括確立考試地點、考試時間、考試內容、考試形式、監考官的選用、考場紀律、考試作弊處罰以及確定蒙古人、色目人、漢人、南人不同的錄取名額等，明文下達各省舉辦實施。

延祐二年（西元一三一五年）二月，各省鄉試合格的三百名舉人齊聚京城，參加會試與御試。仁宗任命張養浩好友元明善為禮部尚書，擔綱領銜為會試考試官。張養浩德行高尚、才學過人，又大力支持恢復科舉選人之制，被擢任為禮部侍郎知貢舉，與元明善共同主持元朝首次科舉考試。

在元明善、張養浩等人的精心舉辦下，會試在貢院、御試在翰林國史院順利舉行。張養浩身為儒學士子，親身參與主持元朝首次科舉考試，實在是難抑欣喜之情。他揮筆寫就〈貢院試筆〉一詩，直抒胸懷：

> 斯道寥寥百許年，天開文運到吾元。
> 鑑衡別物寧容意，桃李成蹊不待言。
> 下筆園林驚落葉，得人麟鳳瑞中原。
> 潛心為向朱衣道，莫使劉蕡李豸冤。

詩中把元朝舉行的首次科舉考試，視之為「文運復興」的開端。考場上聽到舉子們奮筆疾書的颯颯聲，聯想到麟鳳之選將有功於國，讓人有說不出的興奮。因此他希望手操考生命運之權的考官們都能出以公心，對舉子們不偏袒，客觀公正地批卷取人，切莫使唐代劉蕡、宋代李豸參加科試蒙受冤屈的事情再次發生。

正因如此，張養浩親自主持至關重要的閱卷環節。在閱卷現場，身為知貢舉的張養浩居中而坐，其他閱卷官則相對而坐，共同審閱、評定經過彌封、謄錄後的考生試卷，依據所定標準，把所有考卷分作三等，每等又分上、中、下，用墨筆批點。考校既定後，張養浩與同試官、監察御史、彌封官等一起，共同取原卷與閱卷一一對號開拆，張養浩則於試卷上親自書寫會試第幾名字樣，確定參加御試的名單。然後按照蒙古、色目考生與漢人、南人考生分作兩榜，公布於中書省門左右。依據確定的考試條制，其實也是前代的做法，凡參加御試的合格舉人不會再黜落不取，只是透過御試，作一篇千字以內的策論，區分一、二、三等，確立「天子門生」的名分而已。

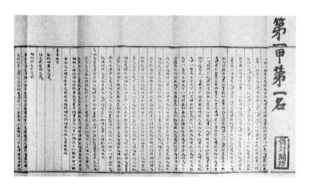

收藏於青州博物館的明代趙秉忠狀元卷

這年的三月七日御試之後，參加御試的五十六人獲賜進士及第、進士出身，以皇榜張貼於宮廷內前門左右之牆，史稱「延祐首榜」，也稱「延祐首科」。其中右榜一甲第一名為護都答兒，左榜一甲第一名為張起岩。「延祐首科」的成功舉行，使許多傑出人才脫穎而出。許多政治精英和文化名人就是這一榜選拔出來的。

張起岩撰書的墓碑拓片

其中，左榜狀元張起岩，字夢臣，號華峰。其先世為章丘人，高祖張迪以元帥右監軍權濟南府事，徙家濟南，遂為濟南人。張起岩自幼好學，博學強記，年弱冠以察舉為福山縣學教諭，後攝行縣事，遷安丘令。延祐初年他參加科舉考試，中左榜進士第一名；進士及第後擬任同知登州事，奉仁宗特旨改任集賢院修撰，歷升國子監丞、翰林待制，兼國史院編修官；泰定帝時，為監察御史，遷中書右司員外郎，進左司郎中兼經筵官，拜太子右贊善；文宗時為禮部尚書，轉參議中書省事；順帝時期，詔修遼、金、宋三史，以翰林學士承旨任史館總裁官。張起岩歷仕武宗、仁宗、英宗、泰定帝、順帝諸朝，為官剛直廉潔，外和內剛，每臨政議決，堅持原則，屹如泰山，不可回奪；又面如紫瓊，美髯方頤，與他人爭辯時，面頸通紅，故朝廷之上，人所忌憚。張起岩平生博學有文，擅長篆隸書，為一代名臣。

其他進士中，感念張養浩知遇之恩的還有許多。如許有王，字可用，湯陰（今河南安陽）人。他在中進士後，授任同知遼州事，與張養浩多有書信往來。張養浩對其勸勉有加。許有王在後來的仕宦生涯中，受張養浩的感召之深多有表現。

按照科舉制舊有之制，知貢舉為座主，新進士就是他的門生。在延祐首科中，儘管張養浩嘔心瀝血，精心籌措，為

順利完成考試做出了巨大貢獻，但他不居功，不自傲，完全是出於公心為國選拔人才。當考試結束放榜後，新進士們在參加翰林國史院舉行的「恩榮宴」、上表謝恩、赴孔廟行釋菜禮、詣中書參見之後，到張養浩府上拜謁謝師。張養浩卻閉門不見。他只是寫了一個小紙條，令門人交給等候在大門口的新進士。只見紙條上寫著：「諸公但思至公血誠以報國政，自不必謝僕，僕亦不敢受諸公之謝也。養浩覆。」短短三十個字，展現的是張養浩一心為國的浩然正氣。此帖被後人名之為〈示初科諸進士免謝帖〉。這成為元朝科舉史上的一段佳話。清朝人就評價說，張養浩為篤行君子，樸直敢言，他的〈示初科諸進士免謝帖〉用意絕非為私，完全合乎古代大臣以身事君之道，可垂範萬世。

限於名額，參加延祐首科的三百名舉子中，被錄取的只有五十六人。落榜人數眾多。這使愛才、選才心切的張養浩心裡很不是滋味。他看到在落榜舉子中，有人已是滿頭白髮，這很可能是他們的最後一次應試。感慨其落第後的失魂落魄，張養浩又與李孟等人聯名上奏，為落榜舉子求情，要求破例賜予他們一定官品作為安撫，同時也是彰顯朝廷科舉選人用人的決心。沒有想到，此議竟順利地得到仁宗恩準。遂由中書省下令：「下第舉人年七十以上者，與從七品流官致仕；六十以上者，與教授；元有出身者，於應得資品上稍優加之；無出身者，與山長、學正。」詔命一出，皇恩

浩蕩，令落榜士子歡欣不已。張養浩聞聽聖旨頒下，也難掩激動心情，揮筆寫下了〈詔五十以上未第者賜出身有差〉一詩：

> 吾皇仁聖邁勛華，重為斯文掩纇瑕。
> 漢苑有林皆桂樹，禹門無浪不桃花。
> 殊恩遠紹千餘載，和氣旁延百萬家。
> 比屋可封今起本，歡餘不覺淚橫斜。

延祐首科在元代科舉史上留下了濃墨重彩的一筆。雖然錄取人數有限，但其示範意義甚為鮮明。張養浩的為人為學也就更為仁宗所知所用。

▋「徵舶泉南」不辱使命

在圓滿完成首次科舉考試重任後，深受仁宗信任的張養浩於延祐二年（西元一三一五年）下半年，奉命以禮部侍郎身分「徵舶泉南」。

所謂「徵舶」，是指元朝沿襲宋代舊制，在慶元（今浙江寧波）、廣州、泉州等地設立負責管理海外貿易、徵收商稅的機構市舶提舉司，選派朝廷高級官員監督市舶司事務。泉州市舶司初由福建行省兼管，後改派專職官員掌管。「徵舶泉南」就是張養浩奉命前往泉州督辦市舶司事務、徵收「膳供之物」的一次特殊差遣。

元代重修東方朔廟碑拓片

此次南行，張養浩是從京城南下，先沿京杭運河至杭州，然後改由驛道經福州、興化、建寧到達泉州，回途則是經黃州、武當至杭州，再走運河返回京城，來往時間長達半年之久。往返途中，張養浩在各地停歇期間，常駐足觀瞻沿途名勝古蹟，寫下了大量憑弔先賢、詠史抒懷、讚美祖國山河之美的詩賦文章以及樂府詞曲。

張養浩途經高唐時，看到整修一新的東方朔廟，禁不住寫下〈過東方朔廟〉一詩：

先生高識絕當時，誰道偷桃舊小兒。
揖讓不逢三代盛，滑稽聊免一身危。
草荒漢構雲承宇，苔蝕顏書雨澀碑。
我亦從來惡苛禮，斜陽遙望酹空厄。

詩作讚賞東方朔的為人風範、為文格調、處事奇智，表露出張養浩對東方朔的仰慕之情。

途經平原時，張養浩特去顏真卿廟觀瞻，留下〈過顏魯公廟〉一詩：

李唐失紀相非夫，竟遣忠良與禍俱。
抗虜一身皆是膽，留名千古不因書。
極知老境桑榆近，爭忍清時社稷孤。
下馬荒祠訪遺躅，北風吹樹渺愁餘。

詩中既有對顏真卿抗擊安史叛軍，為唐朝以身盡忠所表示的崇高敬意，也含有因祠廟荒廢而心生悲涼之感。

張養浩行至濟州任城（今山東濟寧）時，又捨舟登岸，前往拜謁當地頗有名望的極真觀，寫下了〈過髮冠仙姑隱所〉一詩：

抗塵自覺道無緣，何幸容參杖履前。
春色九天歸絳節，喬雲一朵冠華顛。
馳神夜宴西王母，御氣時尋姑射仙。
四海異人今日見，此行萬里不徒然。

詩中所吟詠的髮冠仙姑，本是肥城縣的一位田姓農家女。她與同村的孫姓男子結婚後不久，卻以無端罪名被夫家逐出家門，四處流浪，朝不保夕，有時一天僅以數枚大棗果腹。後來傳說她有神授道術，屢試屢驗，加上整年不洗不沐，頭髮長了盤旋於頭頂高達尺餘，遂以奇特髮型被人稱為「髮冠仙姑」。其神力也愈傳愈大，元世祖為此還召見她於京師。其崇拜者在任城西南修了一座極真觀供其居住，髮冠仙姑這才結束了漂泊不定的流浪生活，自號「洞春仙人」。

張養浩前往極真觀時，曾見到這位年已七十多歲的「異人仙姑」。十幾年後，八十五歲的仙姑去世，極真觀也被朝廷賜額「極真萬壽宮」，仙姑被封為「悟玄參化妙靖真人」。張養浩受仙姑弟子之託，寫了〈敕賜極真萬壽宮碑〉的文章以紀念此人此事。

〈敕賜極真萬壽宮碑〉書影

張養浩在途經沛縣時，前往瞻仰久負盛名的漢高祖原廟，賦有〈過沛縣高祖廟〉一詩：

天厭秦苛欲世蘇，赤龍從此入西都。

五年諸國破迎刃，四海一朝安覆盂。

山峙尚疑神劍在，雲飛猶與大風俱。

不知萬歲千秋後，魂魄端能到此無。

詩作追憶歌詠了漢高祖創建基業時叱吒風雲的英雄氣概。

與北方地區蒼勁雄渾的社會風貌不同，江南水鄉美景則給予張養浩不一樣的感受。他途經鎮江金山寺時，寫下小令〈雙調‧折桂令‧過金山寺〉：

長江浩浩西來，水面雲山，山上樓臺。山水相連，樓臺相對，天與安排。詩句成風煙動色，酒杯傾天地忘懷。醉眼睜開，遙望蓬萊，一半兒雲遮，一半兒煙霾。

曲作氣魄宏大，張養浩運用誇張渲染之筆，以長江一瀉千里之勢，與金山樓閣相對奇崛而出，形成鮮明的意境對比，幽渺壯闊，如雲中樓閣，有虛幻九天之感，充滿浪漫主義氣息。

張養浩的另一首〈雙調‧水仙子‧詠江南〉更是極盡對江南秀美風光的描寫：

一江煙水照晴嵐，兩岸人家接畫簷。芰荷叢一段秋光淡，看沙鷗舞再三，卷香風十里珠簾。畫船兒天邊至，酒旗兒風外颭。愛殺江南！

張養浩在泉州並沒有逗留太久，他處理完相關公務後，即返京覆命。回京路上雖然與去時一樣，但是他的創作熱情絲毫不減，尤其是所寫樂府詩竟有百首之多，遂結集為《江湖長短句》。他特別請對自己有知遇提攜之恩的劉敏中為詩

集題詞，劉敏中遂為之寫了序文〈江湖長短句引〉。劉敏中把《江湖長短句》視為傳世之作，只可惜後來還是失傳了。

▍再膺差遣監糴興和

延祐四年（西元一三一七年）春，張養浩復奉命以禮部侍郎身分赴興和路（位於今內蒙古烏蘭察布市東南部）「監糴」。所謂「監糴」，就是查看該路官員是否嚴格執行和糴制度，把官府應收購的糧食足額收繳上來，以備國家不時之需。身為禮部官員履職財政之任，進一步說明張養浩備受仁宗信任和重用。但是這次差遣，路途行進較之去年的南行更為艱辛，留給張養浩的印象也就更為深刻。正如他在〈興和道中〉所描述的：

底事勞勞形與神，道途鞍馬動經旬。
煙橫絕澗疑無地，風響深林似有人。
早發舉鞭揮霧露，夜行翹首認星辰。
何時卻逐桑榆晚，愛殺坡仙此語真。

路途中張養浩所見所聞與江南大異，這裡呈現出的是「細草和煙展翠茵，雜花勻簇道傍春；鳴禽曠野棲無樹，破屋荒山住有人」的北國風光。雖然路途艱辛，但使命在身，他無怨無悔。

其實，張養浩到了興和以後，有興和路總管府治中張敬

甫作為他的得力助手，去協助處理解決相關事務，倒也落得
自在清閒。他在興和住了三個月有餘，居所幽靜清寂，過的
是悠閒而慵懶的日子。

張養浩任憑興之所至，打發時日：「或杖陟城堞，或騎
遊郊墟。或賞東鄰花，或閱西家書。」有時「鉤簾坐觀雨，
濛濛散如絲」，倒也非常愜意。兒子張強來信問安，表示想
念，希望他早日忙完公事回家，張養浩即賦詩作為回信：

> 有客附書至，封識墨尚新。
> 展讀笑良久，勸我歸及辰。
> 我豈不汝懷，愛此泉石鄰。
> 官事亦既簡，又多素心人。
> 劉生書滿家，楊叟酒味醇。
> 而況俱好客，有暇眉不顰。
> 緬思霄壤間，實與逆旅均。
> 焉住非寄寓，奚必家園親。
> 置書桃笙底，且復樂我真。

令張養浩難以忘懷的是，他在興和的這段時間解救了一
位被拐賣多年的少年佟鎖住。佟鎖住是江西泰和人，聰明伶
俐，機智勇敢。七歲時他與群兒在街巷中遊戲時，被過路的
一位騎馬人劫掠北去，先被賣到興和一家酒店做童工。酒店
老闆是個瞎了一隻眼的人，幾個月後，他又把佟鎖住轉賣

到北邊草原上的一個牧主家去放羊。牧主人讓佟鎖住改名察罕，給他一件皮衣，把兩千多隻羊交給他去放牧，還警告他說：「如果羊瘦了、傷了、丟失了，或者無緣無故死了，你都要受到懲罰。」牧場離住的地方有十多公里路遠，佟鎖住每次放牧常與其他放牧者相約同行，不然在茫茫草原上就會迷路，回不了家。佟鎖住無時無刻不思念家鄉親人，但他不敢逃走，因為他聽說做奴婢的若逃亡，被抓獲後要用烙鐵燙印。當他了解到與他一起牧羊的同伴也都是從中原被奸民輾轉販賣到這裡的時候，才明白原來背井離鄉，與家中父母親戚不通音訊，流落到異域為人奴婢的不止他一個。有一天，他的羊群在山坡下，突然受到來河邊飲水的牛群衝擊，羊群來不及躲避，被踩死十幾隻。想到難逃一頓毒打，佟鎖住下定決心要逃離這裡。他脫下皮衣丟在山上，以迷惑追尋他的人。逃亡路上他遇到一位朝廷使臣，便跪在使臣面前訴說自己的不幸經歷。使臣很同情他，便帶他回到興和。酒店老闆因販賣人口被官府治罪，佟鎖住則被安置到驛站中當驛卒。張養浩在驛站遇見佟鎖住並了解其身世後，也非常同情其遭遇，於是就令有關部門下一道公文給沿途，供給佟鎖住衣糧，護送他回到江西老家。為此，張養浩還寫了〈驛卒佟鎖住傳〉一文，以廣傳其事，防止更多的兒童被拐賣。

　　張養浩完成監糶興和的使命回京以後，被擢任為陝西行

臺治書侍御史。中書省宰臣以其任禮部不可缺，遂讓他留任禮部侍郎。

汲引後進獎掖後學

按每三年舉行一次科舉考試的制度，延祐五年（西元一三一八年）又是科舉考試之年。為準備此次科考，仁宗諭令中書省擬定禮闈主考人選。省臣先奏以某人某官為禮部尚書，仁宗不同意，明確指示「須用讀書人」。宰臣們經反覆商量，提名已改任中書省右司郎中的張養浩，仁宗這才釋然，說「正是此人」。於是張養浩被擢任禮部尚書知貢舉，與已升任為中書左丞的元明善再次共同主持元朝歷史上的第二次科舉考試。

因為有第一次舉辦考試的經驗和借鑑，延祐五年的第二次考試非常順利。經禮部會試，再經御試，錄取放榜，共選拔以忽都達兒、霍希賢為首的兩榜進士五十人。

張養浩大力支持科舉制度的恢復，並兩次受命知貢舉，但他認為人才的選用不能局限於科試一途。這是因為他有了親身主持科試的經歷以後，反而對科舉考試的弊端了解得更為透澈。元代科舉規定考試經學，不用詩賦，以程朱理學為考試的統一標準；但實際上，考試內容中並沒有完全廢除詩賦。尤其是透過科舉考試選用的人才只是萬分之一，對整個

官僚隊伍建設作用有限。為此，當中書省臺有人提出停廢舉茂才、薦歲貢等選人途徑，「將令天下學者一歸科舉」時，張養浩力加反對，主張不拘一格，選用人才。他有詩句「對客不妨參玉版，誨人政要勝冰藍」，就是運用《荀子・勸學》篇裡「青取之於藍而勝於藍，冰水為之而寒於水」的典故，表明對青年學者的關心，幫助他們健康成長，希望他們超越前人，取得優異成績。為此，他在汲引後進、獎掖後學方面更是不遺餘力、身體力行。

大都人宋本、宋褧兄弟早年隨入仕為官的父親宋禎南下江南，遊學杭州、武昌、江陵等地，拜師名儒，學業夙成，延祐六年（西元一三一九年）回到京城，以文才名聞京師，時稱「二宋」。張養浩看到他們的文章後，對其才學大為賞識，還讓兒子張強跟隨宋本學習。

因宋本這樣的人才難得，張養浩把宋本的著述做了摘編，向吏部和中書省臺大臣做了推舉，希望宋本能「薦試館閣之職」。孰料吏部官員以朝廷已實行科舉考試為藉口，拒絕張養浩的薦舉。張養浩認為，朝廷用人本來就不拘於一途，選人用人應以才學為重。為此他先後三次以呈送公文的方式向吏部做出解釋。但是，吏部始終不允。張養浩對此怒斥吏部官員墨守成規，泥古不化，一派官僚教條作風。宋本雖然未能透過薦舉入仕，但他後來還是憑藉自己的真才實

學，參加了大都鄉試奪魁，繼參加會試、御試，皆獲得第一名的好成績，榮為左榜狀元，初授翰林修撰，歷擢監察御史、禮部郎中、吏部侍郎、禮部侍郎、禮部尚書、奎章閣學士院承制學士兼經筵、集賢直學士兼國子祭酒等職，足見張養浩當初的慧眼識才。

宋褧也曾得到張養浩、元明善等人的賞識與推薦，與宋本同樣的原因遭吏部冷遇。宋褧與哥哥宋本一起參加了大都鄉試，只是因為當年鄉試解試名額的限制，宋褧未能赴禮部試。三年後，宋褧再考，得張養浩無私贈送考試資料，精心準備，一舉成功，終獲進士，初官祕書監校書郎，歷擢翰林國史院編修官、翰林修撰、監察御史等職，拜翰林直學士兼經筵官。宋本、宋褧兄弟倆皆不失為一代名臣。

還有如大名府東明縣（今山東東明）學子李好文，承其家學，詩文俱佳，以文學稱名於時，為此也得到張養浩、元明善等人的賞識與大力推薦。李好文後來參加至治元年（西元一三二一年）的科舉考試，與宋本為同科進士，歷官大名路浚州判官、翰林國史院編修、太常博士、國子監丞、國子祭酒、監察御史、陝西行臺治書侍御史、太常禮儀院使、禮部尚書、參議中書省事等職。他任職太常博士時，主持編纂《大元太常集禮稿》一書；任職陝西行臺治書侍御史時，主持編纂《長安志圖》一書；任職禮部尚書時，參與《遼

史》、《金史》、《宋史》三史的修撰；任職太常禮儀院使時，編纂《端本堂經訓要義》一書。後來李好文以光祿大夫、河南行省平章政事致仕，仍以翰林學士承旨一品祿終其身，歷仕英宗、泰定帝、明宗、文宗、寧宗、順帝六朝，亦為一代名臣。張養浩以知人之明和執著於舉薦賢才，被時人讚頌。

第六章
以誠交友相唱和

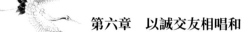

　　「於人誠信，於官清正。」這是張養浩結朋交友、為官蒞政所堅守的基本原則。在張養浩亦宦亦文的生涯中，能從最初一個不入流的小學正，到最後擢為正二品的朝廷大員，除了他自身的不懈努力之外，前輩的提攜、同僚的襄助以及後學的推動，都對他的成長進步有著深遠的影響。

　　張養浩以誠待人、以文會友，結交了許多意氣相投、志同道合的同事與朋友。這成為他為宦生涯中所收穫的最寶貴的財富，也是後世論張養浩者所津津樂道的。

▌亦師亦友得提攜

　　世祖至元二十九年（西元一二九二年），張養浩由東平學正入京任為禮部令史，就得益於時任山東廉訪副使陳英的推薦。之後兩人雖有交往，但不常見面。大德十年（西元一三〇六年），陳英遷任甘肅行省參政，於至大元年（西元一三〇八年）在甘州（今甘肅張掖）城東門創建「閎壯崇麗，卓冠一方」的城門樓。當年十月城樓建成，陳英派人入京，特意邀請翰林學士承旨姚燧題名為記。為慎重其事，姚燧委託書法大家昭文館大學士李溥光書寫了「來遠」的樓名，又邀請張養浩為之作記。對恩師的邀請，張養浩推辭不過，只好應允，遂寫下了題為〈甘肅行省創建來遠樓記〉的記文，詳記陳英在參政甘肅期間的政績。延祐三年（西元

一三一六年），張養浩「徵舶泉南」返京後，又遇見了已任
雲南諸路行省左丞、回鄉省親的陳英。兩人相見，免不了
互道想念之情。正因為視張養浩為知己，陳英特請他為陳
氏先塋撰寫碑銘。張養浩為此誠惶誠恐，認為當時「詞臣
林立」，陳英之所以請自己撰寫碑銘，正是對自己的信任，
也是兩人深厚友誼的體現，為之撰寫了〈析津陳氏先塋碑
銘〉。此碑銘的傳世，成為後世了解析津（今北京大興）陳
氏家族的重要史料。

〈甘肅行省創建來遠樓記〉書影

《姚燧集》書影

在張養浩「辟掾禮部」之後的歲月中，正如張起岩在〈文忠張公神道碑銘〉中所說：「一時名人，如緱山陳文靖公、牧庵姚文公、中庵劉文簡公皆為知己。」

緱山陳文靖公即陳天祥，河南偃師人，為一代名臣。陳天祥去世後，其孫陳允中以「一代偉人當求一代名筆」，力請張養浩為其祖撰寫了〈資德大夫中書右丞議樞密院事陳公神道碑銘〉。由此亦可見張、陳兩家互為知己。

牧庵姚文公即姚燧，是張養浩傾心追慕學習的文學巨匠。姚燧（西元一二三八至一三一三年），字端甫，號牧庵，洛陽人，是元代最具代表性的文章大家，被世人稱為「元一代文章宗工」。

　　至元三十年（西元一二九三年），張養浩在京師認識了
時任翰林直學士的姚燧。姚燧雖比張養浩年長許多，但他深
為張養浩的人品及學識所折服，故兩人交往日多，結為亦師
亦友的密切關係。張養浩亦時時登門拜謁求教，耳濡目染，
收穫頗多。

　　至大四年（西元一三一一年），張養浩由翰林待制轉任
中書右司都事。姚燧這時任翰林學士承旨，被譽稱為「翰
長」。應張養浩之請，姚燧曾為之作〈朝列大夫飛騎尉清河
郡伯張君先墓碣〉一文，文中除追記張氏先祖的賢德惠行，
亦對張養浩的仕宦經歷讚賞有加，字裡行間無不展現出對張
養浩的賞識。之後不久，姚燧因病辭官歸隱，張養浩賦詩
〈送姚學士〉相告別：

> 遊目當今士，獨公文柄操。
> 江空孤月白，天闊片雲高。
> 班馬知誰配，王楊笑爾勞。
> 盛名千載後，江漢日滔滔。

　　詩中稱頌姚燧為文壇泰斗，贊之為滔滔江漢，把他比之
為漢代司馬遷、班固和初唐詩人王勃、楊炯式的人物；讚美
姚燧像高懸的孤月、天上的片雲一樣高潔與超逸，像司馬
遷、班固一樣光耀千古，像王勃、楊炯那樣文名不朽，充分
顯示了張養浩對姚燧的敬仰之情。

皇慶二年（西元一三一三年），姚燧卒於家中，張養浩又作〈祭姚牧庵先生文〉，對「可為將來之範而當世之師」的姚燧表示沉痛哀悼，對姚燧早早去世表示深深惋惜。張養浩在文中還對姚燧給予自己的悉心培育和大力提攜表示衷心感激。泰定元年（西元一三二四年），姚燧歿後十一年，江西行省主持搜求姚燧傳世著述，彙編為《牧庵姚文公集》，欲刻板印行於世，特派人到濟南，請張養浩為姚燧文集作序。此時張養浩告歸在家，對江西行省刊梓姚燧文集表示大力支持，在序文中對姚燧的人品和文品做了很高的評價。

原序

皇元宅天下百許年倡明古文纖牧庵姚公一人而已

蓋常人之文多剽陳襲故窘趣弗克振拔惟公才驅氣

駕縱橫開闔粃律惟意其大喜如古勁將率市人戰彼

雖素不我習一號令之則鼓行六合所向風從無敵不

北離路絕海嶽亦莫不迎銳而開循度平衍視彼選兵

而陣擇地而途繞一再敵輒衰焉且老者相萬矣走年

二十四見公于京師時公直學士院每有所述于觴酬

後岸然聮坐詞致砰隱書者或不能供章成則雄剛古

張養浩《牧庵姚文公文集序》書影

在提攜張養浩的前輩師友中，還有張起岩所說的「一時名人」中庵劉文簡公，就是張養浩的同鄉劉敏中。劉敏中（西元一二四三至一三一八年），字端甫，號中庵，今章丘繡惠鎮西皋村人，為一代名臣，在文學創作尤其是散曲創作上有著巨大成就，是元代著名的散曲作家。他的文章曾得到當時著名文學家、戲曲家杜仁傑（今濟南長清人）的熱心指導和極力推崇。

張養浩初入京為禮部令史時，就得到劉敏中的勉勵。劉敏中以詩作〈送張希孟秀才赴禮部掾〉二首相送。其一曰：

冥漠文章脈，來從太極先。
欲求寧有得，已絕豈無傳。
廓廓英華表，悠悠土苴邊。
愛君千里馬，為贈繞朝鞭。

其二曰：

禮樂春官府，清時重選賢。
飛翔從此地，昂聳看他年。
遠器含餘蘊，橫波下眾川。
古人忠孝事，耿耿要君全。

劉敏中鼓勵張養浩要做一匹千里馬，馳騁萬里，盡忠報國，期待有年。

劉敏中送張養浩詩

　　其實，劉敏中也是一位性情中人。大德九年（西元一三〇五年），任集賢學士的劉敏中上疏十事，得朝廷群臣推許。武宗即位後，召公卿大臣集議彌災事宜。劉敏中復上疏陳請七事，極陳弊政改革。這些都給予張養浩不小的影響。張養浩出使江南時，作樂府百餘篇，輯為《江湖長短句》，劉敏中專為之作序。張養浩能在散曲創作上取得巨大的成就，奠定其元曲大家的地位，可以說離不開前輩師友姚燧、劉敏中等人的引導、督促與激勵。

▋志同道合共甘苦

　　張養浩入京後所結識的最具個性的一位朋友，就是為人
處事豪放不羈的王宗興。王宗興，字友開，恩州（今山東武
城）人，以「豪於詩酒」聞名。他是「吟必飲，飲必醉」，
喝醉了還喜歡口無遮攔地發表一些對天下大事的議論，也不
怕得罪權貴，被人稱為「狂子」。王宗興為人放任不羈，舉
止不自檢束，加上臉漆黑，大嘴巴，絡腮鬍子，說話大呼小
叫，常讓人誤認為他是一介武夫。其實，他是一位頗有成就
的文學之士，只是有著借酒為文的癖好。張養浩就非常欣賞
他的詩文。王宗興時常約張養浩一起喝酒暢飲，酒酣耳熱之
時，必談文論古，兩人的見解多不謀而合。有時張養浩因在
衙值班脫不開身，兩人就會在衙門中對飲。或者張養浩乾脆
掏錢請客，讓王宗興一人到小酒店獨斟獨飲。王宗興不僅借
酒為文，也借酒壯膽。當時正是權臣桑哥等人執政的時候，
面對朝政之弊，朝廷上下都噤若寒蟬，唯恐引火燒身，致不
測之禍。唯王宗興仍舊敢說敢言。元貞元年（西元一二九五
年）四月七日，王宗興因病卒於京師旅舍。張養浩傷感之
餘，為王宗興作〈濮州儒學正王友開墓誌銘〉。銘文生動準
確地刻劃出王宗興任達不拘的豪放性格，一個奇人的形象躍
然紙上。此碑文被清朝文學家王士禎（原名王士禛）所欣
賞，有「嘆其奇詭」之譽。

　　在張養浩由禮部改任中書省令史後，他的朋友圈也日漸擴大，又結識了曹伯啟、韓克昌、曹元用、元明善等新朋友。他們經常閒暇小聚，飲酒賦詩，談天下事。

　　元明善是張養浩所交朋友中最令其難捨難忘的一位。元明善（西元一二六九至一三二二年），字復初，大名清河（今屬河北）人，元代著名散文家。他早歲遊學吳中，以文學知名，被愛才的董士選招入幕府，任江南行御史臺掾。後隨董士選入京，任中書省掾。大約在元貞二年（西元一二九六年）前後，張養浩與元明善結識，成為莫逆之交。此後，他倆又同為中書省掾，結為生死之交。

元明善《清河集》書影

　　大德七年（西元一三〇三年），元明善受到張瑄貪腐案的牽連，被罷官。原來，元明善在江西行省任省掾時，養了一匹好馬。這馬被時任行省參政的張瑄相中。張瑄便以三十斛米的價格從元明善手中買去。在買馬的收據上，張瑄僅寫了「米三十斛送元復初」的字樣，沒有寫明是買馬的錢，遂在張瑄遭審查時，被人誤解為元明善曾接受過張瑄的賄賂。元明善百口莫辯，遂被免職，離開京城，攜家寓居淮南。元明善臨行時，館閣諸公紛紛贈詩為之餞行，詩成結集，由張養浩作序，題名〈送元復初序〉。張養浩對元明善的坎坷遭遇表示慰勉與期望，認為挫折對一個人來說，也是一種培養與歷練。

　　後來，元明善得平反昭雪，回到京城恢復原職。至大元年（西元一三〇八年），張養浩與元明善被同時任命為太子文學，兩人再次同衙共事。延祐二年（西元一三一五年）下半年，張養浩奉命徵舶泉南。張養浩臨行前，元明善為他送行。張養浩贈詩一首，作〈留別元復初〉：

臺閣聯飛二十年，臨歧欲別重淒然。
人言廉藺才相軋，誰信雷陳志愈堅。
古井不妨風浩蕩，浮雲何損月嬋娟。
江湖秋淨多來雁，莫惜平安到瘴煙。

　　詩中所言「雷」、「陳」，是化用漢代雷義、陳重的典故。雷義與陳重是東漢年間公認的兩位品德高尚、捨己為人的正人君子。兩人為至交密友，有「膠漆自謂堅，不如雷與陳」之譽，也形成「陳雷膠漆」的成語。

　　至治二年（西元一三二二年）二月七日，元明善不幸因病卒於京師。此時張養浩已辭去參議中書省事家居濟南，聞聽噩耗後，遂在家中擺上好友的靈位祭奠，並作〈挽元復初〉一詩以為哀悼：

韓孟雲龍上下從，豈期神物去無蹤。
知君本自雄才刃，顧我安能直箭鋒。
一死一生空世隔，三熏三沐為誰容。
平生碑版天留在，不朽何須藉景鍾。

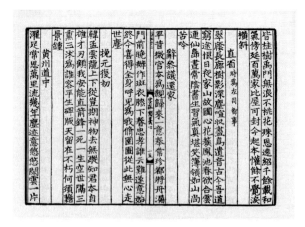

〈挽元復初〉書影

　　張養浩在詩句中以韓愈與孟郊作比說自己與元復初友誼深厚，如今龍去無蹤，好友去世。一人死去，一人還活著，空隔世間，幽冥相隔。輓詞表現了張養浩與元復初的深厚感情，用典凝重端雅，詩意沉穩敦厚。

　　泰定二年（西元一三二五年），張養浩又為元明善作〈元公神道碑銘〉。本來，有一次兩人同在好友貢奎家喝酒的時候約定，誰後死誰就要為先死者撰寫墓誌銘，還讓貢奎做見證人。那麼為什麼元明善死後三年，張養浩才為摯友撰寫神道碑銘呢？原來張養浩並非食言，只是每當拿起筆來，喪友的悲痛就使他泣不成聲，難以自禁，無法成文。三年過後，這才忍痛「抑哀為撰次之」。張養浩在銘文中歷述了元明善為學為宦的事蹟，追憶了兩人同為臺掾、同掾丞相府、同為太子文學、同入翰林、同知貢舉長達三十餘年的深情厚誼，表達自己為失去好朋友而悲痛不已。

共同志趣結友情

　　因共同的喜好與興趣，張養浩結識了王執謙、田衍、王結、李京等好友，往來密切。他們常常相聚一起，飲宴作詩，其樂融融，樂此不疲。張養浩與王執謙、李京、田衍等活躍於當時詩壇，被稱譽為「詩家四傑」。

　　張養浩平生喜歡蒐羅收藏奇石，並經常與人賞石唱和。

每當有新的收穫時，他也樂得召友共賞。有一次，張養浩
新購一塊石頭，田衍名之曰「待鳳石」，深寓「國如磐石，
以待鳳棲」之意。張養浩以田衍所起石名典雅意深，特地
賦〈待鳳石〉一首，作為紀念。又有一次，田衍得到一些五
臺山特產「萬年松」，學名卷柏，俗稱「九死還魂草」，又
稱「長生不死草」，具有觀賞價值和一定的藥用價值。田衍
以此並賦詩一首送給張養浩，張養浩乃作〈萬年松〉之詩相
唱和，以為答謝。詩中說「豈知此樹生寸許，不為形累恆蒼
蒼。貞心勁氣恥土著，雖遭縛束仍芬芳。微根纏糾亂石發，
細葉茸密攢針芒」，透過讚揚萬年松的品格，隱含做人做事
應具有堅忍不拔、不怕挫折的氣概。在此稍前，友人從和林
帶回一拳頭大的奇石送予張養浩，此石「峰巒隱然，色明潤
可愛」，為張養浩所喜歡，命名曰「秀碧」。他特意把田衍所
送萬年松種在秀碧石旁，相映成趣。為此張養浩在詩中說：
「吾家秀碧雅相稱，峰巒蹙縮雲微茫。一從植此向幽寂，劍戟
森照光走堂。天公豈以我為戲，故遣二物陪徜徉。」

　　張養浩與「非聖賢之書不讀，非仁義之言不談」的王結
相交，也是始於兩人對奇石的愛好。王結，字儀伯，易州定
興人。張養浩除有秀碧石外，還有一類似秀碧石大小的凝雲
石。他常常與友人一起賞玩此石，留下許多見證其友誼的詩
篇。有一次，王結在張養浩處飲酒，酒酣之餘，張養浩拿

出凝雲石供他賞玩。王結為此賦一首〈凝雲石為省郎張希孟賦〉相送:「張君歷下飽看山,猶說愛山深入骨。凝雲此日落君手,屋宇藏山更清徹。」

　　此外,與張養浩有著近三十年交情的浙東文士袁桷,也有與張養浩相唱和的〈次韻張希孟凝雲石十詠〉之作。其一詠曰:「我愛凝雲好,雍容諫諍姿。虛中超混沌,正色走窮奇。潤物非無意,成功自有時。棲遲元未晚,清坐愧神痴。」詩句借石喻人,讚美張養浩為官為人的品格。此外,朝臣虞集有〈題張希孟凝雲石〉、揭傒斯有〈寄題太子文學張希孟凝雲石〉等應和之作,從中亦見張養浩與他們的交往和友情。

袁桷《凝雲石十詠》書影

▎生死離別情誼長

　　武宗至大元年（西元一三〇八年），張養浩任太子文學
期間，又結識了追隨翰林學士承旨姚燧學習的同鄉士子李
洞。兩人曾毗鄰而居，交往日多，遂為好友。李洞（西元
一二七四至一三三二年），字溉之，原籍滕州，後來遷居濟
南，遂稱濟南人。李洞曾在大明湖畔建有別墅一座，頗有湖
山花竹之勝，還在湖邊修建一座涼亭，取宋儒邵雍之詩句
「月到天心處，風來水面時」，取名為「天心水面亭」。亭子
後面還建了一座超然樓。元文宗時，李洞數次覲見，奏對稱
旨，特授奎章閣承制學士，朝廷每有大政商議，文宗也都令
其參與，備受文宗信任。有一次，文宗與侍臣虞集、李洞、
柯九思等人說到山川形勝的話題時，柯九思說：「濟南山水
似江南，殆或過之。臣洞之居在大明湖上，雍土水中而為
亭，可以周覽其勝，名之曰『天心水面』，可想見其處矣。」
這引起文宗的極大興趣，特命虞集為李洞的「天心水面亭」
作記一篇，史稱佳話。

位於大明湖畔的天心水面亭

李洞天生異質，悟性極好，所為文縱橫奇變，臻極神妙，遂為「以文章負大名」的姚燧所欣賞，收為門徒。後在姚燧的推薦下，李洞被授任翰林國史院編修官。李洞一入仕便任八品官職，同僚都為李洞高興，祝賀他前途無量。可是李洞沒有表現出絲毫欣喜之情，他以學業未竟、學問不足，竟執意歸鄉侍親而「肆力於學」。臨行之際，張養浩為他送行，特意作〈送李溉之序〉相告別。張養浩對李洞矢志於學的精神大為讚賞，認為「聖人之道，閎遠高妙，愈求而愈無窮，非心專志確，未易致之」，由此也對李洞的未來充滿期望：「觀其言，則他日所至，殆未可量。」事實正如張養浩所預言的，李洞學成再仕後，考除集賢院都事，轉太常博士，擢監修國史長史、祕書監著作郎、太常禮儀院經歷、翰

林待制，超遷翰林直學士，特授奎章閣承制學士，同修《元經世大典》，終為一代名臣。

此時，張養浩還結識了來京謀職的同鄉士子潘宗祐。隨著交往日深，兩人志趣相投，也相知益厚。潘宗祐（西元一二七一至一三一二年），字仲德，濟南陽丘（今章丘）人。他出身於一個小官吏之家，自少喪父，刻志勵學。因性情孤傲，卓爾不群，他曾受到鄉里惡吏的欺壓迫害。他奮起反抗，得眾人讚賞。後攜其著作《見聞紀義》遊走京師，大概也是受到同鄉劉敏中等人的賞識與推薦，遂破格授任為翰林國史院檢閱。幾年後，潘宗祐擢任翰林國史院編修官，憤權貴當權，政弊日深，欲上書朝廷，力革時弊，為時任監察御史、深知朝廷水深的張養浩所勸阻。潘宗祐志不得申，憂心如焚，遂著《遼金鑑略》一書，以泄所懷。仁宗即位後，朝政改弦，詔選國子監官屬，潘宗祐以其真才實學、忠誠剛毅得到推薦，任為從仕郎、國子博士。孰料，潘宗祐竟因堅持原則、不願與屬僚同流合汙而鬱悶致疾，於皇慶元年（西元一三一二年）正月初四不幸去世，年僅四十二歲。潘宗祐得病以後，張養浩與元明善曾專門去其家探視慰問。潘宗祐雖身染重病，仍不改初心。他向張養浩、元明善明確表示：「寧正而塞，毋不正而達。」潘宗祐去世前，特地囑咐兒子潘桂，他死後一定要請張養浩為他寫墓誌銘。好友英年早逝，

令張養浩痛心悲愴。張養浩含淚寫就〈元故國子博士潘君墓誌銘〉。

延祐元年（西元一三一四年）秋，與張養浩同衙共事、同為詩友的范梈被任命為海南海北道廉訪司（治所今廣東雷州）知事。范梈（西元一二七二至一三三〇年），字德機，清江（今江西樟樹）人，是當時頗負盛名的詩人。好友離別，不知何時再能相見，懷著依依難捨的心情，張養浩賦詩〈送范德機赴海北道憲司知事〉一首，為其送行：

> 金薤銀鉤兩絕奇，才華江右捨君誰。
> 一官毛義榮親日，千里呂安懷友時。
> 叫斷霜天鴻雁瘦，吟殘山月鳳鸞飢。
> 從今夜夜江湖夢，說似楊花未必知。

詩中稱讚范梈才華過人，書法精妙絕倫；誇讚他是一位「固窮守節，竭力以養親」的孝子；說他為人志量開闊，有超俗之氣；傾訴此別以後，相隔萬里，即便秋雁南飛，難以致書問候，令人難過至極；懸想朋友月夜苦吟，月殘腹飢，也不會改變其高潔品格。此詩熱情洋溢地稱讚了范梈過人的才華、感人的操行，盡敘與之別後思念之深，表達張養浩對范梈的深厚情感。由此引發張養浩嚮往辭官歸里、放浪江湖的夢想。

後來范梈以病歸里，張養浩又作〈范德機寓田記〉相贈，文中有「以博厚為田，高明為廬，仁以為山，智以為

水，種以義理而獲以道德，將居之食之，無不窮極厭足」之
語。這既是張養浩對范梈的勉勵，也是對自己的鞭策。

　　延祐二年（西元一三一五年），好友王克誠以禮部郎中
遷陝西行省左右司郎中。張養浩作〈送王克誠序〉，送其赴
陝西行省任。張養浩還在任中書省掾時，就與王克誠相識結
交。王克誠富有愛國之心，學問操守為人稱道。張養浩對他
出任陝西行省左右司郎中充滿期待，祝福好友有所作為，做
出一番事業，彪炳天下。

　　送走了王克誠，好友柳唐佐又有新的任命。他特意拜訪
張養浩並道別。張養浩是在任臺省掾時，與柳唐佐認識的。
兩人相交日久，彼此深知。柳唐佐此時由章慶使司同知出拜
懷孟路總管，以張養浩曾任堂邑、博平親民官，而登門求教
為政之道。張養浩為此寫了〈送柳唐佐序〉相送，以「吏
之於民，親之如子」作為贈言，期望老友為官一任，造福
一方。

　　延祐五年（西元一三一八年）年底，得知陽丘（今章
丘）好友、舞陽縣尹張如砥任滿回京，在等候考核後履職新
的任命時，張養浩特意去看望他。暫居京師旅舍的張如砥生
活清苦。但見桌子上放著幾隻還盛有剩飯的盤碗，清冷的居
室既無火爐，也無薪炭，張如砥卻還裹著棉被危坐讀書，這
使張養浩非常感動。他對好友表達敬意。張如砥，字周道，

以政績突出、考核優秀，得到御史中丞陳天祥的推薦，調任松江上海縣尹。張如砥離京赴任前夕，攜同為陽丘好友的彭敬叔一起去向張養浩道別，並請張養浩為其先塋題寫碑文。張養浩遂為之撰寫了〈陽丘張氏先塋碑銘〉。

好友相繼遷官、離任，以及染病、去世，令張養浩無限傷感，他在延祐六年（西元一三一九年）年末，於京師過除夕時所賦的〈京師除夕〉中寫道：

旅食京華歲又殘，悠悠身世去留難。
身能安分賢於隱，子肯讀書貴似官。
潦倒乾坤雙鬢禿，淒涼今古一燈寒。
明朝五十從頭數，且盡椒盤此夜歡。

張養浩在詩中說自己已是年過半百、雙鬢變白的殘歲年月，已經沒有過多的奢望，只要身體安好，子女能讀書自奮，就已經心滿意足了。

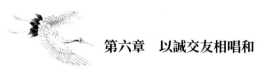

第六章　以誠交友相唱和

第七章
詩文繡絆雲莊居

　　我愛雲莊好，夕煙樹半腰。亭高無近矚，歲樂有新謠。
農冀初開地，童梁已壞橋。眼前皆事業，何必立人朝。
　　我愛雲莊好，柴門俗客稀。行田蟲撲帽，坐樹蟻緣衣。
雲水一銅鏡，霜林萬錦機。東崗陂故在，辭聘未全非。
　　我愛雲莊好，絕無聲利塵。林篁清耳目，編簡肅心神。
種放非樵客，焦先豈野人。此心幸無屈，烏用更求伸。
……

　　辭官歸養之後，深居簡出、遁世絕俗的張養浩一口氣寫
下了題為〈我愛雲莊好〉的九首詩作，盡情抒發歸隱濟南故
居雲莊之後恬靜絢麗的田園生活及悠然自得的情趣。

雲莊遺跡

▌一片閒雲無拘繫

　　雲莊，一個多麼優雅而富有詩意的名字。李家莊、王家莊、張家莊……在人們多願以姓氏給生之、居之、養之、息之的村居命名時，張養浩唯獨要把心儀的居所命名為雲莊，自有深意所在。

　　「雲來山更佳，雲去山如畫。山因雲晦明，雲共山高下。」張養浩在這首〈雙調‧雁兒落兼得勝令‧退隱〉曲中，採用中國畫中橫雲斷山、意到筆不到的寫意手法，描繪出雲山相依、雲繞山腰的變幻之美。遠山高峰，雲霧繚繞，雲隔斷了山，山襯出了雲。雲行因為山勢而更顯飄逸輕盈、婀娜多姿，山勢因為雲行而更顯堅韌挺拔、巍峨險峻。這是一首讚美自然風光的優美歌曲，更是一幅生動逼真的山水圖畫。

　　詠「雲」、嘆「雲」、歌「雲」、賦「雲」，在張養浩的筆下，「雲」就是自己的化身。「好田園，佳山水。閒中真樂，幾個人知？自在身，從吟醉。一片閒雲無拘繫，說神仙恰是真的。任雞蟲失得，蠻蚿多寡，鵬鷃高低。」（〈中呂‧普天樂‧閒居〉）張養浩說自己就像一片無拘無束的閒雲，跳出是非名利場，俯瞰著世人斤斤計較於蝸角微名、蠅頭小利而爭鬥不休；以雲卷雲舒的悠然心態，欣賞著綿延起伏的好田園、佳山水，享受著神仙般的逍遙。張養浩在紅塵擾擾之中找到了一塊淨土，在這裡沒有是非名利，沒有榮辱

浮沉，「名不相干，利不相關，天地一身閒」（〈越調・寨兒令〉）。

元代畫家姚廷美所繪〈有餘閒圖〉

在張養浩的視野中，「雲」是其方外摯友。「自隱居，謝塵俗。雲共煙，也驪虞。」（〈雙調・胡十八〉）青山茅廬，雲水煙霞，恰似圖畫般的風光，勝似久別重逢的歡愉。「有青山勸酒，白雲伴睡，明月催詩。」（〈中呂・普天樂・辭參議還家〉）與白雲為伴，與青山對飲，在山水間徜徉，過著灑脫不羈的詩酒生涯，是何等的愜意。

在張養浩看來，「雲」更是王朝興衰更替、人生聚散無常的真實寫照。「想興衰，若為懷，唐家才起隋家敗。世態有如雲變改。」（〈中呂・山坡羊・咸陽懷古〉）「掛冠，棄官，偷下了連雲棧。湖山佳處屋兩間，掩映垂楊岸。滿地白雲，東風吹散，卻遮了一半山。」（〈中呂・朝天曲〉）棧道本建於險絕之處，傍鑿山岩，以險著稱。棧道接著「連雲」，就更增其險。仕宦之途就是如此令人驚心，身處其境

時，備受艱辛。對此，張養浩有著深切的感受，過往的那一幕幕如驚濤駭浪，始終令他難以忘懷。

█ 急流勇退歸故里

延祐七年（西元一三二〇年）正月，既佞佛又嗜酒的元仁宗，最後死在了過量飲酒導致的酒精中毒上，年僅三十六歲。仁宗十八歲的兒子碩德八剌於當年三月頭戴皇冠，正式登基即皇帝位，是為英宗，次年改元至治。

元英宗畫像

英宗是元代帝王中唯一一位在臨朝執政前未經任何困難磨礪，卻深受儒家思想影響的大有作為的君主。他即位之後，年輕氣盛，急切地想做出些事情，樹立威望。他自幼接

受儒家思想教育，注重起用漢族知識分子，力行政治改革。因此，英宗相繼實行以下治國措施：舉善薦賢，整頓吏治；裁減不急之務，減輕民眾負擔；審定頒行具有法典作用並帶有刑法典性質的《大元通制》，欲力挽昔日積弊，改革圖強，史稱「至治新政」。正是在這一政治背景之下，張養浩擢任參議中書省事。

參議中書省事之職，作為宰相的屬僚之長，為元代所首創。在時人眼裡，參議中書省事是一個位高權重、令人羨慕的要職。當時政壇上一個頗為有趣的現象是，參議中書省事常從六部尚書中選任。六部尚書雖然也是宰相的下屬，但畢竟是一部之長，並不具有幕僚身分，其正三品的官秩，也要高於正四品的參議中書省事，然而六部尚書多有改授參議中書省事的。這其中的重要原因，一是與六部尚書不同，參議中書省事能參加中書省日常議政；二是任參議中書省事能有更多的機會升任宰相，所以任參議中書省事當時被稱為「參大政」。張養浩正是由禮部尚書拜參議中書省事的。

這時，在朝廷中深受英宗倚重的是中書左丞相拜住。拜住是成吉思汗時期的功臣木華黎之後、元世祖時期中書右丞相安童的孫子。拜住五歲喪父，由其母怯烈氏撫養成人。怯烈氏對他嚴加訓教，延請漢儒為師。拜住由此成為蒙古貴戚中的「真儒」。他主張「以儒治國」，崇信「漢法」政治。

有一次，英宗問拜住：「我朝亦有如唐魏徵之敢諫者乎？」拜住回答說：「盤圓則水圓，盂方則水方。有太宗納諫之君，即有魏徵敢諫之臣。」此言深受英宗讚許。正是由於思想政治理念上相通相投，張養浩深得拜住的信任，兩人相處十分融洽。他常向拜住推薦某人可用、某人不可用、某事可行、某事不可行，皆得拜住贊同。

清人所繪〈十二月月令圖〉

至治元年（西元一三二一年）正月十五為上元燈節，按照傳統習俗，大都城內張燈結綵，歡度佳節。皇宮內庭自武宗時起，也開始張燈結綵，闔宮賞玩喧鬧，數日不息。英宗為慶祝自己即帝位後的第一個元宵節，便計劃在皇宮造一座大型燈山，舉辦一個熱鬧的元宵燈會。張養浩聞聽此消息後，頓生憂慮，認為英宗即位伊始，不應大操大辦，而應效仿世祖以崇儉慮遠為法，為天下樹立節儉的典

範。於是他把自己的想法付諸筆端，擬成〈諫燈山疏〉一道，欲力行諫阻。為了慎重，他接受至大年間進《時政書》遭受迫害的教訓，先去拜訪宰相拜住。他表達了投書勸諫之意，並請拜住代為轉達奏章。拜住此前就有對英宗「節用愛人，使民以時」的諫言，這次對英宗大事張燈賞玩之舉也覺不妥，但對進諫可能導致的後果仍充滿擔憂。因為就在前一天，御史觀音保等人因力諫英宗在五臺山興建佛寺而觸怒天威，竟被極刑棄市，因此他勸張養浩三思。張養浩表示，受國厚恩，寧坐犯顏，也不能為了保身而緘默不言，堅持進諫。拜住被張養浩的大義所打動，遂於第二天把張養浩的奏疏遞交皇上。只見奏疏中寫道：

> 世祖臨御三十餘年，每值元夕，閭閻之間，燈火亦禁；況闕庭之嚴，宮掖之邃，尤當戒慎。今燈山之構，臣以為所玩者小，所繫者大；所樂者淺，所患者深。伏願以崇儉慮遠為法，以喜奢樂近為戒。

英宗讀到此言，果然雷霆震怒。後在拜住等人的一再解釋勸說之下，英宗才轉怒為喜，說：「非張希孟不敢言。」遂下令停止籌辦燈山工程，並對張養浩賜錢五千貫以為嘉獎。張養浩對英宗的賜錢力辭不受。拜住遂居間調解，建議英宗改賜張養浩金線織造的縑帛一匹、絲帛一匹，以有限的物質獎勵表彰其忠直。

張養浩敢冒天下之大不韙的忠勇氣概，既讓同僚們刮目相看，也讓大家深受鼓舞。時人把他的〈諫燈山疏〉稱譽為「捐軀諫」。

雖然得到時人的稱讚，但張養浩還是有些後怕。他後來回憶這件事，認為當時的上書行為不免有些「狂愚」：上書能成功，實在是神明的保佑。

就在張養浩為躲過一場災禍而暗自慶幸時，意料之外的厄難卻從天而降。就在這年年初，他十分疼愛的兒子張強不幸因病去世。就在年前，張養浩的學生宋本、宋褧兄弟來到大都後，他還特意安排張強跟隨宋本兄弟學習交遊。

張強（西元一三〇〇至一三二一年），字唯健，賢而有文，才識通敏。張強長得更是豐儀俊秀，一表人才；舉止風流倜儻，文雅得體；尤其喜歡收藏，字也寫得好，善草、隸諸書，名滿京城，前程遠大，被時人譽為「天上公子，齊岱精英」。他追隨宋本兄弟學習，與宋褧的關係尤為密切。張強去世後，宋褧作〈哭張唯健〉詩曰：「天風吹下玉魚符，絳節飆輪下玉虛。人海渺茫思衛虎，士林憔悴嘆曹蜍。紛紛故物塵凝座，寂寂春魂月滿除。珍重尊翁休痛哭，郎君方代少霞書。」詩末一句是安慰張養浩的，勸其珍重身體，不要太悲傷。

喪子的隱痛始終揮之不去，濟南卻又傳來老父親病重的消息，這使張養浩寢食難安，坐臥不寧。加之宦海沉浮，前

途難卜，令他備感心灰意冷。張養浩毅然決定辭官回歸故里濟南雲莊。

▌故園歸臥遂初心

　　其實，早在張養浩被任命為參議中書省事時，他就隱約感到日益沉重的政治壓力。他自知城府不深，心裡藏不住事；但又為人耿直，眼裡容不得沙子。遂萌生急流勇退、歸隱山水的念頭。上〈諫燈山疏〉後，雖然有驚無險，但卻更加激發其愈益強烈的歸隱之念。正像他日後在詩中所表達的：「抗俗支塵力不任，故園歸臥遂初心。」既然無力抵抗塵俗喧囂，不如隨心所願，回歸故里享受田園之樂。

宋人所繪〈歸去來辭〉畫卷

　　濟南是一座能使人身心得以慰藉的山水之城，也是令人
難以割捨的繾綣安恬之地。於是張養浩從任參議中書省事
前，就在濟南雲莊修建「遂閒堂」，準備哪一天掛冠致仕，
回鄉閒居。

　　雲莊距離濟南城西北郊五公里左右，是張養浩的祖父、
父親艱辛經營留下來的產業，包括宅第、墓地、耕地、林
地、池塘等，有三十餘萬平方公尺。西望標山，東眺華山，
北依清河，南面諸塘。眾流纏繞，林木成蔭。近聞鶯鳴枝
頭，遠聽山猿吼叫，擅湖山猿鶴之勝。早在唐代，在詩文上
頗有盛名的杜甫與北海太守李邕暢遊濟南時，兩人一起在濟
南城頭遠眺湖山，李邕作詩贊吟濟南城郊風光：「太山雄地
理，巨壑眇雲莊。」借用此詩意境，張養浩在經營構建幽靜
閒適的宅第時，便名之為「雲莊」。

　　雲莊的房子原來都是茅草屋，現都被陸續換成了瓦房。
整幢宅第坐北朝南，寬敞宏大。雖說不上豪華，但也別緻典
雅，座落有序。主宅是從張養浩辭職前開始增建的遂閒堂，
四周環繞著名為拙逸、樂全、九皋、半仙的四個堂亭。宅第
前有一大片樹林，都是從張養浩的祖父時起陸續栽種的，
多有近百年樹齡的合抱大樹，且多梨、杏、桃、柿等果樹。
林深葉茂，蔭翳蔽日，即使是盛夏，也覺清涼爽快而無暑熱
之感，「取其潔」，張養浩命名為「雲香林」。在蔥鬱的樹

林間，張養浩還立了一座山石，山勢挺拔陡峭，名曰「掛月」。樹林前面以西修建了一座可供賞玩休息的涼亭，張養浩「取其閒」，命名為「綽然亭」。綽然亭以東，則修建了一座獨立的屋宇，張養浩以「弦誦之隙，偃息其中」，命名曰「處士庵」。綽然亭的對面，開鑿了一個大型池塘，池水與貫穿林地、稻田的河流相通，池中還矗立著一高大奇石，名曰「玉雲峰」。池塘中栽種著荷藕、菰蒲、菱芰等，鷗鷺鱗甲，飛泳自如。池塘四周種植有翠竹、垂柳、檜柏、花卉等，水流潺潺，荷香陣陣，魚蝦成群，蟬聲蛙鳴，張養浩「取其芳」，命名為「雲錦池」。此外，還陸續建有觀物亭等。

　　整座莊園，「適當華、鵲之沖，兼有泉石之勝」。「東，繞屋煙嵐萬玉峰」；「西，竹塢蓮塘接稻畦」；「南，林影山光水倒涵」；「北，郊原處處皆春色」；「上，朝暮雲煙千萬狀」；「下，世累而今都不掛」。境界曠達，景色渾然天成；溪山映帶，極富湖山河泉之韻。張養浩自認為可與唐代「王維輞川，殆伯仲埒」。他為此專門寫了〈雲莊記〉一文，詳記莊園概況，直敘胸臆感慨。張養浩感到心滿意足，非常完美，他在〈雙調‧落梅引〉裡唱道：

　　入室琴書伴，出門山水圍。別人不能夠盡皆如意，每日樂陶陶輞川圖畫裡，與安期羨門何異！

宋代初年郭忠恕所臨王維輞川圖

遂閒堂是雲莊的主體建築，清雅優美，古色古香，幽美宜人。張養浩在其詩文散曲創作中對此多有描繪。如〈中呂·十二月兼堯民歌·遂閒堂即事〉云：

堂名遂閒，偃息其間。對著這青編四圍，翠玉千竿。壁上關全范寬，枕上陳摶。

古銅圍座錦斕斑，瑪瑙杯斟水晶寒，靈石相間玉潺湲，筆硯窗前雨聲干，倒大來清安。柴門勢不關，一任雲飛散。

遂閒堂前，叢竹環植，清溪流淌。堂內書櫥上存放著群書典籍，博古架上擺放著金石古玩，牆壁上掛著名家字畫。張養浩居息此中，飲酒賦詩，無憂無慮，摒棄了塵俗的事務，拋卻了煩惱，一覺睡到天大亮。閒適恬靜，與世無爭，張養浩過的是神仙般的日子，就像他在〈雙調·水仙子·詠遂閒堂〉曲中所吟唱的：

　　綽然亭後遂閒堂，更比仙家日月長。高情千古羲皇上，北窗風特地涼，客來時樽酒淋浪。花與竹無俗氣，水和山有異香，委實會受用也雲莊。

　　在無俗氣的花竹中，嗅聞山水異香，連神仙也羨慕不已，其閒適可追比幾千年前太古時代的逸民，字裡行間洋溢著滿足和陶醉的情感。夜臥於這山雲與共的環境，宛如置身於仙境之中。

　　在莊園建設中，最令張養浩心儀的還是綽然亭的修建。綽然亭原名「翠陰亭」，張養浩後取《孟子》「我無官守，我無言責也，則吾進退，豈不綽綽然有餘裕哉」之意，改「翠陰」為「綽然」。泰定二年（西元一三二五年）綽然亭即將上梁完工之際，張養浩特意撰寫了一篇〈綽然亭上梁文〉以作慶賀。該文題名上梁，其實主體內容是回顧自己的仕宦經歷。

　　泰定三年（西元一三二六年），綽然亭建成。張養浩先作〈翠陰亭記〉，又賦〈翠陰亭落成自和十首〉，也是言在詩外，意在文中，說自己歸臥雲莊，並非完全是潔身自愛，也不完全是尋求山水之樂，而是「知止知足」，不與世俗同流合汙。

　　綽然亭成為張養浩讀書修心、靜養涵情的重要場所。他在〈正宮‧塞鴻秋〉一曲中唱道：

春來時綽然亭香雪梨花會，夏來時綽然亭雲錦荷花會，秋來時綽然亭霜露黃花會，冬來時綽然亭風月梅花會。春夏與秋冬，四季皆佳會，主人此意誰能會？

他在另一首〈雙調・清江引・詠秋日海棠〉中唱道：

花竹滿亭高士居，常把春留住。賞罷芙蓉秋，又見胭脂露，這的是綽然亭絕妙處。

生長於山水之鄉，張養浩對石頭有著很深的情感和偏愛。早在歸隱之前，他就收藏各種奇石。如今在雲莊的營建中，自然少不了山石的襯托。除了在雲香林內、雲錦池中樹立「掛月」、「玉雲」兩石之外，張養浩還又陸續搜求購置了一些奇石擺放在園內。這些石頭被分別命名為抱雲、蒼雲、驪雲、振玉、龍、鳳、龜、麟等，總數有十塊之多，被張養浩呼為「十友」。張養浩在隨口吟成的〈綽然亭口號〉中曾寫道：「十年堅臥玉溪東，多謝山靈肯我容。為問賞心誰是伴？抱雲掛月兩奇峰。」他還作〈有石可友〉一首，詩中說：「有石可友，玉立仞餘。峭拔崒兀，厥色翠如。」「或叩以杖，或沃以酒。或望而趨，或坐與偶。載摩其足，載擁其肘。載拍其肩，載撫其首。恬焉受之，略不餘否。」喜愛之情無以復加，詩人與石頭儼然如情投意合的朋友。

位於趵突泉公園內的龜石

　　漫步園內，張養浩還特地飼養了一白一黑兩隻仙鶴為伴。養的時間長了，兩隻仙鶴不僅不怕人，而且願意跟在張養浩身後，隨之信步。有時，張養浩坐在涼亭內小憩，但見兩隻仙鶴「往來飲啄，或翔，或眠，或立，或曲頸理羽，與林泉花石相映」，情趣天成。有時兩鶴戛然而鳴，聲動寥廓。遠處的放牛郎則模仿鶴鳴，應聲相和，就似一問一答。此景此情，使張養浩備感身心飄灑，感覺就像神仙一樣。不幸的是，其中一隻鶴後來被田間老婦打傷了腿，在兩個月以後死去。這令張養浩深感惋惜。為此他賦詩〈惜鶴〉十首，分別以「購鶴」、「友鶴」、「病鶴」、「醫鶴」、「挽鶴」、「招鶴」、「痊鶴」、「憶鶴」、「夢鶴」、「圖鶴」為題，表達對鶴的憐愛之情，同時也抒發歸隱生活的情趣。

▎「其樂無涯」雲莊情

水繞門，樹圍村，雨初晴滿川花草新。雞犬欣欣，鷗鷺紛紛，占斷玉溪春。（〈越調‧寨兒令‧春〉）

雲莊環境是優美的，張養浩在雲莊的生活也是悠閒自在的。他在散曲〈中呂‧普天樂‧樂無涯〉中唱道：

水接藍，山橫黛，水光山色，掩映書齋。圖畫中，囂塵外，暮醉朝吟妨何礙。正黃花三徑齊開，家山在眼，田園稱意，其樂無涯。

樹連村，山為界，分開煙水，隔斷塵埃。桑柘田，相襟帶。錦裡風光春常在。看循環四季花開，香風拂面，彩雲隨步，其樂無涯。

…………

芰荷衣，松筠蓋，風流盡勝，畫戟門排。看時節採藥苗，挑芹菜，捕得金鱗船頭賣。怎肯直搶入千丈塵埃！片帆煙雨，一竿風月，其樂無涯。

…………

明人所繪樹下讀書圖

曲中詠嘆田園之美，描摹出一幅富有詩情畫意的田園風光圖，歌詠了一位與世無爭的隱士形象，揭示了張養浩志行的高潔、對名利的蔑視，彰顯其清高孤貞、情趣高雅。

清早，山朦樹朧，日掛枝頭，陽光斜射到屋裡，照得滿屋通明。這時，張養浩起床晨練，開始一天充實的生活。

中午，張養浩在潺潺的溪水中洗洗腳，在涼亭中觀雲小憩。睡意朦朧中，身與自然完全融為一體，若縹緲的白雲隨風飄逸。

傍晚，雨過天晴，翠陰夕照。籬笆上纏繞著盛開的牽牛花，屋簷下即將歸宿的麻雀嘰嘰喳喳，一派田園樂趣。這時，在空曠的亭園中，張養浩獨自一人沿著開滿鮮花的曲徑漫步，構思著詩詞賦曲。

夏日，林深水綠，蓬蓮茂盛，一派沁人心脾的夏日風光。每到這時，張養浩都會邀幾位志趣相投的朋友，絃歌而樂。

冬天，萬物蕭疏，郊野空曠。窗戶上還映照著殘月的影子，雞鳴聲已此起彼伏。這時，張養浩起床洗漱，披衣讀書。

更多的時日，張養浩還是外出近郊，遊山觀水，肆情吟詠。「出門遊目景無窮，老子唯愁詩不供。」（〈野興二首〉）鵲山湖、大明湖的荷花盛開，能令張養浩觀賞整天，也不忍

離去:「水府群仙會,紅雲擁翠霞。黃昏不歸去,認得老夫家。」(〈詠荷花〉)標山、華山景色優美,張養浩常常攜酒遊賞,一醉方休:「昨朝醉田間,欲借山為枕。青山不肯前,卻枕白雲寢。」(〈郊飲醉歸〉)

大明湖荷花池

▎送往迎來書丹青

在雲莊,張養浩接待過不少在任或退休的昔日好友。他們共敘友情,詩文唱和,推杯換盞,好不快活。「四面雲山錦簇屏,客來沉醉綽然亭」,成為流傳於世的文壇佳話。張養浩在〈翠陰亭記〉一文中也寫道:「客至,即盤果於林,筌魚於淵,或飲或饌,或遊歷詠歌,以窮厥勝。人既歡洽,物亦隨適。」雲莊周邊的鵲山、華山以及鵲山湖、華山

湖、大明湖，是他與朋友最常去的幾個地方。「金縷歌殘華鵲月，蘭舟搖碎泺湖煙。」他們盪舟在湖上，吟唱著〈金縷曲〉，常常到深夜才返。

至治元年（西元一三二一年），張養浩辭職回到濟南後，遇到了相識多年的好朋友山東都轉運鹽使劉澍。沒過多久，張養浩卻聞知劉澍染病，臥床不起，遂趕忙前往探視慰問。看到劉澍精神尚好，張養浩大為寬心。孰料不久，劉澍竟因病去世。劉澍之子劉光祖泣請張養浩為父題寫碑銘，張養浩含淚寫下了〈山東都轉運鹽使劉公神道碑銘〉，作為永遠的悼念。

這時，有著三十多年交情的老朋友商澤民專程來看望張養浩，這令他喜出望外。商澤民是高唐（今屬山東）人，曾在濟南做過學官。在京城時兩人是離多聚少，此番相見，特別親切。他們酌酒敘舊，高興異常。閒談中，商澤民說早就囑託張養浩為自己的書室「靜齋」題記，迄今張養浩也沒有兌現。張養浩連忙解釋是事多忘記此事，於是提筆寫了〈靜齋記〉相送。商澤民舉酒相謝，滿意而歸。

泰定二年（西元一三二五年）春，出任山東肅政廉訪使的許師敬特意到雲莊登門拜訪。許師敬是金末元初著名理學家、教育家許衡之子，懷慶河內（今河南沁陽）人。皇慶元年（西元一三一二年）拜參知政事。早在皇慶、延祐年

間他就與張養浩結為知己，故交甚厚。
兩人此次會面，禁不住各訴離別之情，
感嘆人生短暫；也少不了把盞痛飲，暢
論學問；最後在依依不捨中分手，互道
珍重。後來受許師敬之邀，張養浩還為
濟南五龍潭龍祥觀寫了〈復龍祥觀施田
記〉一文。

　　除了送往迎來、邀朋呼友暢遊山水
之外，張養浩在雲莊的大量時間是用來
讀書寫作的。無論是在為官期間，還是
在歸隱之後，手不釋卷、讀書寫作幾乎
是張養浩每天雷打不動的功課。歸隱以
後，張養浩文思泉湧，潑墨如注。這一
時期成為其文學創作的繁盛期。作品數
量之多，要遠遠超過他為政之餘時所作。

　　歸隱雲莊後，張養浩正是以超然物
外的心態，傾心創作；同時整理自己的

元代畫卷〈西郊草堂圖〉

詩文集、散曲集以及政論集，這就是日後付梓傳世的《歸田
類稿》、《雲莊休居自適小樂府》、《為政忠告》等。這些都
是他歷年所作的結集，沒有無病呻吟的東西，凝結其畢生的
心血，是中華民族的優秀文化遺產。

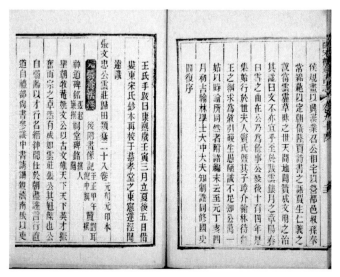

皕宋樓藏書志所記《歸田類稿》書影

　　張養浩是元代詩壇的一位重要詩人，他繼承唐代杜甫、白居易詩歌的現實主義傳統，詩風質樸清新，內容充實，善於「在和平沖淡之中錯以奇崛藻麗」。其散文題材廣泛，有遊記、傳記、政論、奏疏、贈序、祭文、碑銘等。他的遊記善於托物寄興，寓情於景；傳記人物形象鮮明，評價準確；政論材料充實，邏輯性強，在元代為數不多的散文作家中是成就較高的。他的散曲則突顯豪放風格，雄渾中兼有清逸，悲壯中兼有典雅，融情入景，情景交融，語言雅俗兼取，化俗為雅。他的散文追步元代古文大家姚燧，頗具文壇領袖風範。

辭官歸隱的張養浩，所追求的不僅僅是山水之樂，還有他十分關心的修橋鋪路、立學興教、賑濟貧弱等公益性的事業。他捐資創建閔子書院，修建鄉賢祠，設置義田。他還要建標山亭，建雲莊書院，招收四方願學之士……但是，想做的、要做的還沒有來得及付諸實施，張養浩就被朝廷徵召，踏上西去賑民之途，最後以身殉職。

第七章　詩文徜徉雲莊居

第八章
邀朋攜友濟南遊

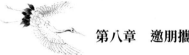
「玩水遊山，身無拘繫，這的是三十年落的。」這是張養浩在散曲〈中呂・朝天曲〉中所吟唱的。追山逐水，暢敘胸臆，是張養浩在宦海波濤中放鬆心情、調整心態的重要方式。

當供職之暇，或銜命出使之際，或省親居家期間，張養浩曾多次邀朋攜友，暢遊家鄉濟南。賞泉、泛湖、登山，詩酒朋儕，興之所至，徜徉於濟南的山山水水，留下許多膾炙人口的傳世佳話。他著文讚美家鄉濟南說：「其曰『歷山』者，迤嵐突翠，虎逐龍從，南槎岱宗，東屬於海。華、鵲兩峰，屹然劍列，峭拔無所附麗，眾山皆若相率拱秀而君之。大明湖則匯碧城郭間，涵光倒景，物無遁形。自遠而視，則華、鵲又若據上游而都其勝者。至於四時之變，與夫陰霽早暮，水行路走，隨遇出奇。凡可以排囂宣鬱，使人蛻凡近，心高明，可喜、可愕、可詩、可觴、可圖者，靡一不具。」短短幾句，勾勒出家鄉濟南一派山水綺麗、沁人心脾、令人陶醉的秀美圖卷。

賞泉唱吟詠奇觀

濟南泉水甲天下，久負「泉城」之名。元代著名學者於欽在〈匯波樓紀略〉一文中寫道：「濟南山水甲齊魯，泉甲天下。蓋他郡有泉一二數，此獨以百計。濤噴珠躍，金霏碧

淳，韻琴築而味肪醴，不殫品狀。在邑者，瀦市之半；在郭者，環城之三。棋布星流，走城北陬，匯於水門，東流為瀠。」瀠水之「源曰趵突，流曰瀠」，北流瀦為大明湖，東北流入小清河。歷史上瀠水又曾向北流入濟水，匯合處名為「瀠口」。趵突泉是瀠泊（今五龍潭一帶）的源頭，經過趵突泉邊的街又據此名為「瀠源大街」。

趵突泉公園內觀瀾亭

早在宋代，曾任齊州（今濟南）知州的曾鞏在趵突泉邊興建瀠源堂，並寫了一篇〈齊州二堂記〉，文中就讚譽說：「齊多甘泉，冠於天下。」至金代，濟南已形成「七十二泉」之說。在濟南主城區的趵突泉、珍珠泉、黑虎泉、五龍潭四大泉群中，趵突泉泉群獨占鰲頭，聞名遐邇。而在趵突泉泉

群中，趵突泉、金線泉、柳絮泉、漱玉泉、馬跑泉為翹楚。
這也是張養浩經常攜朋友遊覽賞玩、流連忘返的去處。

在張養浩的傳世作品中，就有兩首同名為〈趵突泉〉的
詩作。其一曰：

繞欄驚視重徘徊，流水緣何自作堆？
三尺不消平地雪，四時常吼半空雷。
深通滄海愁波盡，怒撼秋風恐岸摧。
每過塵懷為瀟灑，斜陽欲沒未能回。

身倚曲欄，環繞觀看，泉水輪湧，猶如堆雪，聲如雷
鳴，激盪池岸。每次與朋友們來此賞泉，張養浩都會感覺世
俗的胸懷頃刻變得清高脫俗，流連忘返，不忍離去。詩作的
深層含義揭示了作者在宦海中受壓抑的心情，猶如泉水在翻
騰、奔瀉，抒情蘊含於詠物之中。對此，他在另一首〈趵突
泉〉詩中寫道：「奇觀天下無，每過煩襟清。……因之有真
悟，日晏忘濯纓。」

一個豔陽高照的日子，張養浩出使路過家鄉，駐車稍
住，在濟南路馬克修總管的陪同下，暢遊濟南。在趵突泉
邊，他們臨池宴飲，欣賞曲唱，興致勃勃，情趣盎然。宴後
他們移步趵突泉東北側，欣賞著名的柳絮泉和金線泉。

柳絮泉邊環植垂柳。陽春三月，柳絮紛飛，水花泛白，
柳絮泉以此得名。相傳宋代著名女詞人李清照當年的居所就

在柳絮泉邊。柳絮泉池荇藻浮動，錦鯉戲游；池周楊柳拂翠，花木繁茂。

　　聞名於世的金線泉，以水盛時泉水從池底兩邊對湧，在水面相交，聚成一條時隱時現的水線蜿蜒移動，在陽光照射下閃閃發亮，宛若金線，堪稱天下奇觀，故名曰「金線泉」。

位於趵突泉公園內的柳絮泉

位於趵突泉公園內的老金線泉

173

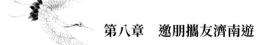

宋代濟南學者李格非、齊州掌書記蘇轍、齊州知州曾鞏等人，都有對金線泉的記述。如曾鞏在〈金線泉〉詩中說：「玉甃常浮灝氣鮮，金絲不定路南泉。雲依美藻爭成縷，月照寒漪巧上弦。已繞渚花紅灼灼，更縈沙竹翠娟娟。無風到底塵埃盡，界破冰綃一片天。」可知金線泉池的金線不僅白天能看到，在晴朗的月夜也能看到，而且夜晚金線則彷彿月面弧線，更清晰鮮明。

實際上，歷代遊覽吟詠金線泉的人很多，但似乎沒有幾個人真正去靜心探究金線泉金線形成的原因。倒是清代文學家劉鶚在《老殘遊記》中，不僅對金線泉做了尤為深刻生動的描寫，而且也較為科學地解釋了這一千古名泉的金線奇觀之謎：

這金線泉相傳水中有條金線。老殘左右看了半天，不要說金線，連鐵線也沒有。後來幸而走過一個士子來，老殘便作揖請教這「金線」二字有無著落。那士子便拉著老殘踅到池子西面，彎了身體，側著頭，向水面上看，說道：「你看，那水面上有一條線，彷彿游絲一樣，在水面上搖動。看見了沒有？」老殘也側了頭照樣看去。看了些時，說道：「看見了，看見了！這是什麼緣故呢？」想了一想，道：「莫非底下是兩股泉水，力量相敵，所以中間擠出這一線來？」那士子道：「這泉見於著錄好幾百年，難道這兩股泉的力量，經歷這久

就沒有個強弱嗎？」老殘道：「你看，這線常常左右擺動，這就是兩邊泉力不勻的道理了。」那士子倒也點頭會意。

然而，由於季節的不同、泉水盈虧的差異，「金線」似乎從來就不是想看就能夠看到的。金代學者元好問在金朝末年遊歷濟南期間，就特意留宿於金線泉邊，渴望一睹聞名於世的金線奇觀，結果三四天過去了，他也沒有見到，大失所望。

金線泉

　　生於濟南、長於濟南的張養浩，雖然也前後多次觀臨金線泉，但遺憾的是，也始終未能目睹金線奇觀。孰料，此次與馬克修總管同遊，竟看到了難得一見的金線，不覺喜出望外，即興賦〈乘傳過家同馬克修總管宴金線池〉一詩，以記此行：

> 皇皇使者車，每出每匆遽。
> 茲行諒多暇，值勝轍少住。
> 而況父母邦，所與多舊故。
> 張宴臨芳池，人影亂波素。
> 華堂翳歌雲，香玉蘸杯露。
> 于于來遠岑，歷歷散層樹。
> 纍纍泉引珠，奕奕風起絮。
> 舊聞金線奇，屢至未曾遇。
> 川妃若余誇，一縷出容與。
> 因知穹壤間，靈異固無數。
> 寒冰乃生蠶，烈火能浣布。
> 滄溟有樓臺，弱水不毛羽。
> 伊誰亭壽司，擬欲扣其故。
> 題詩池上亭，他日記分聚。

　　詩中敘述了張養浩雖然行色匆匆，但還是忙裡偷閒，看望家鄉的好友，遊覽故鄉的山水，悠閒自得，尤其是見到了

「屢至未曾遇」的金線奇觀，實在幸運。於是題詩池亭，以為紀念。

泛湖高歌碧波情

　　「四面荷花三面柳，一城山色半城湖。」號稱「絕勝之景」的大明湖，也是張養浩每次與朋友賞景作詩的必遊之地。大明湖四季如畫，潔淨的水面，瀰漫著攝人心魄的氤氳之氣。匯波樓、歷下亭、北渚亭等，都是張養浩與朋友把酒言歡、暢敘胸臆的好去處。

　　游大明湖少不了泛舟。張養浩有一首〈大明湖泛舟〉，極言泛舟湖中的樂趣：

> 浮空汎景泝流光，箕踞船頭倒羽觴。
> 喚出湘靈歌一曲，水雲搖盪暮山蒼。

　　遊船迎著波光與日光，浮動在湖水上，就像馮虛御風一樣輕快舒適。坐在船頭，伸開雙腳，水擊腳心，開懷暢飲，令人充分享受泛舟蕩水的樂趣，盡情於這詩酒湖波，神采飛揚，心曠神怡。張養浩情不自禁地吟唱〈大明湖泛舟〉一曲：

> 畫船開，紅塵外。人從天上，載得春來。煙水間，乾坤大，四面雲山無遮礙。影搖動城郭樓臺，杯斟的金波灩灩，詩吟的青霄慘慘，人驚的白鳥皚皚。（〈中呂・普天樂〉）

大明湖近照

位於大明湖畔的歷下亭，面湖臨水，景緻幽雅。唐代大詩人杜甫陪李北海宴遊歷下亭時，兩人賦詩唱和，留下了「海右此亭古，濟南名士多」的千古名句。張養浩多次來此遊玩觀賞，每每流連忘返。如今再次登臨，張養浩不禁感慨萬千，遂即興寫下了〈登歷下亭〉詩一首：

　　童年嘗記此游遨，邂逅重來感二毛。
　　翠繞軒窗山陸續，玉縈城郭水週遭。
　　風煙誰道江南好，人物都傳海右高。
　　怪底登臨詩興淺，鵲華曾見謫仙豪。

詩中描寫了張養浩多次游大明湖、登歷下亭只為了見這感人至深的湖光山色：遠山近樹，明湖碧流；湖闊亭幽，翠繞軒窗。歷下亭的美麗風光激發了張養浩熱愛故鄉山水的自豪感情。而這酷愛故鄉山水的感情，又蘊含於詩中，綻放出

美的藝術魅力。

　至治初年，好友元亨赴江西轉運判官途經濟南之時，特地看望張養浩。他們同遊大明湖、歷下亭等濟南勝景，詩賦唱和，共敘友情。元亨離別之際，張養浩作長詩〈和元亨之簽事登歷下亭韻〉相送：

漾漾東岡陂，歷歷北山道。
於河浣煩纓，勝處喜同到。
有亭翼穹窿，揭以歷下號。
衰齡憐危攀，未免扶且導。
於時方旱乾，千里無寸潦。
憑欄身世忘，群景信天造。
雲錦相縈迴，水禽互翔噪。
遍峰純浸屏，遐樹亂排纛。
天興幾今古，依舊灤湖隩。
不見捉月仙，嵐秀想應耗。
悠悠割據人，誰馴復誰驚。
緬思牛後贏，何若雞口郜？
玄德仰帝虞，凶威鄙臣臬。
方來當自圖，已往詎庸悼？
須臾客踵至，先歷卻懷懊。
雄談激懦柔，虎尾欲甘蹈。
盤殕留眾賓，孰謂少陵傲？

茲遊起餘多，外靜內還躁。

雲天為增高，煙水亦加奧。

蛟龍時嘯吟，樵牧任衝冒。

何當分憲回，盍簪續今好。

在京共事的好友李泂曾在大明湖邊建「天心水面亭」，
也成為張養浩游大明湖時經常停留小憩之地。有一次，張養
浩在游大明湖時，再次造訪天心水面亭，與好友在亭中飲酒
賦詩，遂成〈過李泂之天心亭二首〉：

久別天心水面亭，風生吟袖喜重登。

謫仙將月遊何處，揖徧雲山問不應。

放眼乾坤獨倚欄，古今如夢水雲閒。

南山也解留連客，直送嵐光到座間。

▌匯波樓臺抒胸懷

位於大明湖北岸的匯波樓，也稱「會波樓」，因眾多名
泉之水匯流至此而合，故以「匯波」為名。這裡也是張養浩
與朋友遊覽較多的去處之一。張養浩認為：「蓋濟南形勝，
唯登茲樓，可得其全焉。」登上此樓，環顧群山，南可眺歷
山群峰，北可望華鵲諸巔。俯瞰湖水，澄藍碧綠，含光倒
影，宛如圖畫。若是傍晚登臨，夕陽豔照，波光粼粼，歸舟
晚棹，更令人心曠神怡、陶醉不已，這便是著名的濟南八景

之一「匯波晚照」。

友朋相聚，極目眺望，把盞言歡，有說不完道不盡的樂趣。為此張養浩留下了多首登臨之詩。如他在〈同鄉友宴會波樓〉詩中寫道：

久處紅塵眼倦開，飄然今喜到蓬萊。

春風碧水雙鷗沒，落日青山萬馬來。

柳外行舟喧鼓吹，途中過客指樓臺。

一時人境俱相稱，卻恐新詩未易裁。

匯波樓與周圍山水相映，如巨幅圖畫，千景生輝，構思巧妙，耐人尋味。張養浩在〈登會波樓〉詩中寫道：

吾郡山水窟，奇勝聞未嘗。

於何得全觀，茲樓水之陽。

群峰闞城郭，飛棟相頡頏。

影倒馮夷宮，錦亂天孫裳。

明湖一神鏡，照萬無留良。

華鵲乃後驅，使我背若芒。

欲舉酒相囑，彷彿雙龍翔。

形勢信絕美，求稱慚德涼。

雖雲生長茲，會少離尋常。

桑梓尚敬止，況乃十二強。

何當棄官歸，扁舟永徜徉。

他在另一首〈登匯波樓〉中也說：

何處登臨思不窮？城樓高倚半天風。
鳥飛雲錦千層外，人在丹青萬幅中。
景物相誇春互野，古今皆夢水連空。
濃妝淡抹坡仙句，獨許西湖恐未公。

大明湖北水門與匯波樓

在這首詩中，張養浩描寫匯波樓高高地倚立在半空微風之中，站在樓上仰視天空，只見彩雲萬朵，群鳥在天空翱翔，好像飛出千重雲錦之外一樣。登樓眺望遠山，俯觀近水，猶如一幅幅圖畫，遊人宛如在美麗的畫卷之中。尤其是從匯波樓看大明湖，碧綠的湖水倒映著遠山，清麗的水面上飄來陣陣花香，張養浩情不自禁地吟唱道：

　　四圍山，會波樓上倚闌干，大明湖鋪翠描金間。華鵲中間，愛江心六月寒。荷花綻，十里香風散。被沙頭啼鳥，喚醒這夢裡微官。（〈雙調‧殿前歡‧登會波樓〉）

荷香大明湖

　　泰定初年，匯波樓因歷經雨水樓閣朽腐。濟南達魯花赤都氏斥資重加修葺，煥然一新。受都氏之邀，張養浩寫下了〈重修會波樓記〉。他說：「吾鄉山水之勝，名天下。代之談佳麗者，多以江左為稱首，疇嘗游焉。南方之山，大概肖其風土，沉雄渾厚者少，穠鮮清婉、靚莊雅服之比，道路相望。唯吾鄉則兼而有之。」他讚譽濟南山水既有南國風光的濃豔清麗，又有北國風光的雄闊渾厚。站在匯波樓上，南眺歷山，「迤嵐突翠，虎逐龍從」；北望華鵲諸峰，「屹然劍

匯波樓

列，峭拔無所附麗」。此情此景，「可愕、可詩、可觴、可圖」，令人心曠神怡、超凡脫俗，全然忘卻世俗之喧囂、胸中之鬱悶。張養浩感慨人的一生，只要孝親、忠君、有功於世，便可與山水並存、死而不朽。

湖光山色令人陶醉，更淨化人的心靈。張養浩情不自禁地吟唱道：

恰陰，卻晴，來往雲無定。湖光山色晦復明，會把人調弄。一段幽奇，將何酬應？吐新詩字字清。錦鶯，數聲，又喚起遊山興。（〈中呂・朝天曲〉）

趵突泉、大明湖的綺麗風景使張養浩詩意盎然，更令其遊興大發，遊罷水，再登山。

登高能賦壯心志

古人言：「智者樂水，仁者樂山。」濟南群山環繞，層巒疊嶂，是張養浩接待朋友、與友朋臨山登高以抒情懷少不了的去處。

遊華山

從雲莊東望十五公里處，但見平地起峰，猶如利劍，雄峙於小清河之上，這就是聞名千古的華山，又稱「華不注山」，也稱「金輿山」。

華山山勢孤秀，周圍湖水環繞，稻畦蓮蕩，如虎牙桀立、芙蓉秀出。唐代詩人李白就有「昔我遊齊都，登華不注峰」的詩句。華山之所以著名，還因為這裡曾是春秋時期齊晉「鞍之戰」的古戰場。

華山廟宇環立，有龍王廟、三皇宮、三元宮、關帝廟、泰山行宮及淨土庵等宮觀，統稱華陽道觀或華陽宮。華山久負「孤嶂凌霄」之名，與鵲山共同組成濟南八景之一「鵲華煙雨」。

趙孟頫〈鵲華秋色圖〉局部

金元時期，大明湖、鵲山湖、華山湖水道相通，一帆直達，到此遊覽非常方便，所以張養浩亦多次攜友遊覽華山。他曾即興賦〈遊華不注〉一詩說：

　　蒼煙萬頃插孤岑，未許君山冠古今。
　　翠刃劃雲天倚劍，白頭歸第日揮金。
　　攀援直欲窮危頂，歌舞休教阻盛心。
　　星月滿湖歸路晚，不妨吟棹碎清陰。

　　詩中歌詠華山孤峰凌煙的英姿，如鋒利的倚天長劍直插雲霄，峭拔峻絕，高聳入雲。華山可與湖南洞庭湖畔的君山（又名洞庭山）相媲美，令人陶醉其中，流連忘返。

華山刻石

遊龍洞山

　　延祐四年（西元一三一七年），時任禮部侍郎的張養浩回鄉省親時，與濟南的朋友十餘人結伴暢遊久負「山之絕勝」之名的龍洞山。

濟南龍洞山

　　龍洞山位於濟南城區東南方向約十五公里處，原名「禹登山」。傳說上古唐堯時代，歷山腳下汪洋一片，有條惡龍在此興風作浪，造成水患，百姓苦不堪言。後來大禹治水，排盡洪水，惡龍亦無處藏身，遂潛藏於東南山澗石洞中。大禹追至山澗，入洞擒拿。一番打鬥後，惡龍終被大禹降服，從此改邪歸正，不再興風作浪，而是應人們所求呼風喚雨，造福人間，由此留下了「大禹伏龍」的傳說。惡龍應人降雨，贏得尊重，人們便在此建起廟宇供奉，名「龍洞廟」，又名「靈虛宮」。龍逃遁藏身的幽深澗溝，被稱為「藏龍澗」，峭壁間東西相通的山洞，被稱為「龍洞」，山也得名「龍洞山」，或叫「禹登山」。早在唐宋時代，這裡就已經成為遊覽勝地。

龍洞

龍洞山一帶，峰巒疊嶂，山勢峭拔，翠柏懸生，荊榆點灑，澗幽谷深，雲霧繚繞。深澗兩側，山勢奇絕，巨峰危立。前有老君崖、鳳凰臺，環拱如門；後有獨秀峰、三秀峰，突兀高聳。錦屏崖陡峭如削，巉岩橫展。岩壁上鐫刻著「壁立千仞」、「白雲無盡」、「錦屏春曉」等巨幅大字，蒼勁瀟灑，氣勢雄渾。崖下有始建於晉代的寺院遺址，峭壁上鐫刻著蘇軾手書的「敕建龍洞壽聖院」大字。由深澗登上山頂，環顧群峰，就像飄浮在仙境之中，心情為之愉悅，身體為之輕鬆，有飄飄然之感。因此處幽雅靜謐，溝壑盤踞，廟宇、石塔、瀑布、甘泉、懸崖、石刻、山花等點綴其中，增色生輝，形成濟南八景之一「錦屏春曉」。遨遊此處，可無拘無束地在密林中穿越，自由自在地在山水間徜徉，盡情享受藤蘿綠野、碧水深澗、峻嶺崇山、縱橫溝壑的原始野趣。清代著名學者孫星衍曾詠詩贊曰：「我遊龍洞驚奇絕，畫不成圖口難說。」

　　張養浩欲進久負盛名的龍洞一探深淺。有的人膽怯，不願進。有的說裡面幽黑，沒有燭火無法進洞。於是富有冒險精神的張養浩令隨行的年輕僮僕找來茭蒿樹枝紮成火把，點燃火把在前面引路。進入洞口初段，山洞高敞穹窿，可以暢意行走；往前走，山洞變狹變低，就得低頭行走了；再往前走，洞身忽斂忽舒，就得彎腰而行了；越往裡走，山洞曲折盤桓，洞身越來越矮，就得用膝蓋跪爬了；再往裡面走，洞深邃幽奧，就得趴在地上像蛇一樣前進了。恰巧這時，用來照明引路的火把熄滅了，濃煙一下充滿洞中。現在想要退出，一行人摩肩接踵退不得。只能向前進，山洞卻越來越狹窄難行。加上濃煙瀰漫，大家只好閉緊嘴巴、摀住鼻子、屏住呼吸。此刻的張養浩心裡充滿了害怕驚恐，自以為要在這裡喪命，出不去了。於是他大聲喊叫，讓後面的人跟緊。山洞裡煙霧嗆鼻，沒有人出聲應答，這使張養浩更加驚恐。絕望之中，張養浩忽然看見前面出現一絲光亮，這才意識到離洞的出口已經不遠了。於是，他們奮力屈身向前，一個個像魚蝦跳水般，脫身而出。出洞以後，眾人有哭泣掉淚的，有悔恨詈罵的，有互相嘲笑的，有張大嘴拚命呼吸的，有跺地發誓從此不再入洞的，個個都像經歷了多大磨難而幸運地活著一樣，高興得以手覆額，脫帽光頭，紛紛訴說其狼狽相。沒有進洞而在洞外宴飲的人，這時連忙跑過來舉杯，對每人

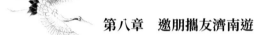

敬上兩杯酒，名之曰「定心飲」。

遊過龍洞後，張養浩一行又前往龍洞東南側的佛峪勝景賞玩。這裡也是四面環山，重巒疊嶂，林木蔥鬱，清泉淙淙，古寺深藏，環境清幽深秀。此處有相傳大禹駐足的「禹王臺」，高崖之下有創建於隋代的古老寺院「般若寺」。崖壁上散布有隋唐以來開鑿的洞窟佛像、摩崖石刻以及遊客題字等。邊走邊看，不覺已是夕陽西下，大家盡興而歸。

對這次難忘的登山經歷，張養浩事後專門寫了〈龍洞山記〉一文，詳記其事。他在記文中說，相傳當年韓愈登華山，到達頂峰後受阻三日下不了山，嚇得放聲大哭，並寫下遺書。他曾懷疑此事的真假，但從登龍洞山的經歷來看，韓愈號啕大哭這件事可確信無疑。他還別有感觸地認為，「不登高，不臨深」，聖人之訓是多麼鮮明深刻啊！

遊標山

從雲莊西眺數里，有標山、鳳凰山、紫金山之望，諸山為「齊煙九點」之屬，更是張養浩經常登臨之處。至治三年（西元一三二三年）的一天，張養浩與學生諭立、僮僕為伴，西遊標山、鳳凰山。標山因山勢矗立、若標竿可望而得名。山並不高大，也無濃密的樹木。唯巨石裸立，山勢陂陀。登山攀崖，會令人氣喘吁吁，但到達山頂之後，坐在

190

山石凸額之上，放眼四野，陡然使人產生超然物外之感，身上像長了翅膀，好像要飛到塵世之外一樣。踞此山上，再環顧四周群峰，好像觸手可及。遠眺東南方向歷山諸峰，山勢連綿起伏，氣勢雄偉。近望鵲山、藥山眾山，則略顯孤單飄零。山腳下有數條小河縈繞流過，碧波輝映，像一條條橫在原野上的白色綢帶，又像是一條條不斷滾動的玉繩，時而分開，時而

濟南標山

匯合，宛如一幅美妙的山水畫。張養浩不由得感嘆：「郊外可登眺者，莫此勝焉！」

　　遊完標山，他們又到了緊鄰標山的鳳凰山。此山原名也叫「標山」，後人為區別兩山，遂改名「鳳凰山」。此山山勢雖陡，但容易攀登。山上有洞若屋，可避風雨。張養浩一行到洞中坐下，擺開酒食，一邊飲酒，一邊吟詠古詩，頓覺心閒情適。張養浩享受著消閒的樂趣，胸懷幽雅的情思，宛如與山間蒸騰的煙嵐相暗合，感覺與大自然融為一體。忘世忘形，物我同化，不知道是山變成了我，還是我變成了山。見張養浩遊哉樂哉，高興異常，作為弟子的諭立起身敬酒，說今天之遊，不可以無記。張養浩遂即興書〈遊標山記〉，贈予諭立，以志紀念。

濟南鳳凰山近照

後來，張養浩還多次攜諭立登臨標山，留下〈同諭仁本登標山〉等詩作：

香風吹袂落岩花，步盡紅雲景益佳。
龍虎郊原山障日，鳳麟洲渚水明霞。
藍田有玉常春色，石室無人漫歲華。
從此風煙添勝概，老夫絕壁醉揮鴉。

遊紫金山

距雲莊不到兩公里的紫金山，也是張養浩經常去的地方。紫金山原名「紫荊山」，山體東西長有四、五十公尺，南北寬有三、四十公尺，高有二十多公尺。山頂東北角有青石崖，宛如老虎頭，有一塊較平坦的青石人稱「老虎床」，旁邊的一個山洞就被稱為「老虎洞」。

張養浩攜學生諭立、兒子張引、姪孫張止等遊紫金山時感觸頗深，寫下了〈遊紫金山記〉一文。文中說，紫金山周環僅兩畝多，是一座範圍不大的山。但山體平地隆起，不峻而孤，山石蒼翠，松槐茂密。山與周圍的土地為劉氏莊園所有。劉家在山上蓋了一座涼亭，供人登山休憩觀覽。劉氏是金朝末年的進士，他有一個兒子劉器之，為人氣宇軒昂，躊躇滿志，遊學在外，不料英年早逝。劉氏此後家境破落，貧以無繼，要出售這處家產。這時就有人對張養浩說，雲莊離

此非常近，何不趁機把此山買下？張養浩說他與劉器之有朋
友之交，劉氏家道中落，已經令人悲傷不已，更遑論乘人之
危，去擁有別人的財產呢！即便是買下來，有山可登，有水
可賞，也未必使人快樂。張養浩為此還列舉范仲淹歸老洛陽
拒買田產的故事，以此教育子孫。他認為，人生在世，不能
沉湎於物欲，不能為外物動搖心志，而要獨善其身，以道義
之樂為樂。

〈遊紫金山記〉書影

泰定三年（西元一三二六年）秋，與張養浩有師徒之誼
的同鄉學子蔡祐出任般陽路（今山東淄博淄川）儒學正，
特意前往雲莊告別。蔡祐，字天祥，歷任德州齊河縣儒學

教諭、河間路臨邑縣儒學教諭，升般陽府路儒學正。張養浩與蔡祐在綽然亭相敘，並寫了〈送蔡天祥之般陽路儒學正序〉，以為鼓勵。

送別了情意相投的朋友，送走了朝夕相處的學生，站在高高的城樓上，身處濟南深秋的傍晚，金風蕭瑟，白露凝霜，夕陽西下，這令張養浩產生一股傷今懷古、迷茫遲暮的心情，他隨口吟道：

禹跡茫茫畫九州，斜陽古意滿林邱。
嘯呼風月來詩卷，醉挽山河入酒甌。
華髮半簪天與老，丹楓兩岸水分秋。
逢人莫話功名事，且道甘心落魄休。

張養浩這首〈城樓晚眺〉以神來之筆，把壯麗的自然景色繪入詩卷之內；以醉翁之意，把山水之情寄寓杯酒之中。自己雖已「華髮半簪」，但卻無意「甘心落魄」，哀婉迷茫情調中顯現「老驥伏櫪」的雄心壯懷。

張起岩所撰蔡祐墓誌銘拓片

195

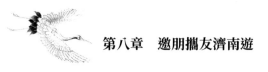

第八章　邀朋攜友濟南遊

第九章
七聘不出傳義名

今濟南市省府前街紅尚坊泰府廣場一帶，曾有一條名為「尚書街」的小巷。巷內座落著張養浩的一處名為「七聘堂」的故居，而有名的「七聘堂」就記述了張養浩辭官家居濟南期間，朝廷七次徵聘而不出的那段歷史佳話。雖早已時過境遷，但張養浩不戀名利、隱居家鄉的高尚情操卻永存在歷史的長河中。

〈七聘堂記〉原碑拓片

▌榮華休戀歸去來兮

元英宗至治元年（西元一三二一年）的夏天，大都似乎熱得比往年早。悶熱的天氣令人有些心煩意亂。早在三月底、四月初，英宗就帶著後宮與一班親信大臣，按慣例移駕上都避暑去了。皇帝雖然不在，但大都的朝廷各部機關還是照常運行，政務仍按慣例處理。六月的一天，正在中書省參議府忙於政務的張養浩接到來自家鄉濟南的信 —— 年邁的父親病了。

父親患病的消息令張養浩焦慮不安。他深知，父親張郁自少勤勞，十六歲便挑起全家生活的重擔，謀生育子，十分艱難。父親殫精竭慮，不僅掙下了一份豐盈的家業，而且還

教育子孫長大成才。而自己在朝為官，卻常常身不由己，離家時多，回家時少，沒能抽出多少時間在家侍養父母。自古便有「忠孝兩難全，百善孝為先」之言，如今應該是他盡孝道、侍雙親的時候了。再三思慮之下，他向朝廷奉上奏章，提出辭職告假，回家侍親。

元英宗十七歲就登上帝位，勵精圖治。此時正當順理朝綱、推行新政、起用漢儒的用人之際，他起用張養浩為參議中書省事，入居樞要，準備委張養浩以大任，正是看重張養浩的人品、才華和處政能力。如今張養浩告假辭職，對英宗來說真的不是個好消息。英宗內心有些不情願。但熟諳漢語和儒家文化的英宗也明白，張養浩因父親病重而告假，於情於理都沒有什麼不妥當的。英宗也沒有挽留他的更好藉口，只好允准張養浩辭職還家。

張養浩思親心切，馬不停蹄地奔赴濟南。回家以後，張養浩侍奉親人，宴請朋友，十分忙碌。他一次次攜友邀朋，賞玩領略家鄉秀美的湖光山色，怡然之情溢於言表，忍不住吟詩賦曲，傾訴心中的喜悅。他所作散曲〈越調·寨兒令·辭參議還家〉及其序云：「連次鄉會十餘日，故賦此。」曲詞曰：

離省堂，到家鄉，正荷花爛開雲錦香。遊玩秋光，朋友相將，日日大筵張。會波樓醉墨淋浪，歷下亭金縷悠揚。大明湖搖畫舫，華不注倒壺觴。這幾場，忙殺柘枝娘。

　　曲詞中描繪出一幅夏秋之交的濟南美景：水碧山青，風光綺旎。張養浩搖著畫舫泛遊於大明湖上，湖水就在腳下流過，在歷下亭中聽著小曲，在匯波樓裡飲著美酒，這是何等逍遙自在、令人神往啊！

　　張養浩回家侍奉在父親身邊，張郁的病似乎也減輕了一大半。尤其是在張郁八十大壽之際，張養浩又精心安排，廣邀親朋好友，還專程請了戲班為父親祝壽。壽宴場面隆重熱鬧，排場盛大。不僅張氏家族的親戚朋友都到了，張養浩的許多同僚也親自來為張郁祝壽，無法親自到場的好友也都以書信致賀。昔日好友、浙東文士袁桷就特地寫了祝壽長詩〈壽張希孟父郡侯八十二十韻〉，盛讚張郁是「壽骨英先聳，龐眉厚德充」，稱頌其「積慶先猷遠，詒謀晚福豐；靈椿培世範，玉樹挺家風」。朝中新晉進士吳師道敬佩張養浩的道德文章，雖人在京城，也賦詩頌賀，以「名冠濟南士，書藏坯上篇；家庭臺輔出，茅土國封延」之句，稱頌張氏家族門楣高第，表達了對張養浩的敬慕之情。壽日這天，前來賀壽的賓客很多，熱鬧非凡，賓客們頻頻舉杯暢飲。偌大的雲莊別墅充滿了歡聲笑語。

奧龍羞參蕭疎鶴鍊形壁盧生地籟斗近界天經蝶夢
春濤湧蟄疑曉日冥雲生停莩候風入倚寬聽屈曲車
連軫騰筝廣列庭熊思海岱封爵鄙雲亭月落孫生
嘯天寒屈子醒雄姿輕虎豹浮跡陋鷗鷿

壽張希孟父郡侯八十二十韻

古渭垂繪老康衢擊壞翁星輝勝處士天爵貴家公額
氣西郊蕭祥雲北渚濃生班鳩枝叟舞轉柘枝童壽骨
英先鷟龐眉厚德免九重恩誕錫三命傴僂麟綏開

飲旦龜齡擬少高簪花便廣頠植菊瑩方瞳鼎釜燕珍

欽定四庫全書　清容居士集　卷九　十五

華旦圭上藥融傳宣壺燦爛合宴佩青蔥續慶尢猷遠
詒謀晚福豐靈椿培世範玉樹挺家風正色通天闥高
懷納楚宮倚風看鳳北就日見雲東君父恩彌重交遊
論盡同竭誠心筆筆移孝思仲意壯追奔馬機總數

過鴻玄參揚子衍書比伏生工浩蕩漸摩澤昇平塊圠
功定須超渾沌何必問嵽嵲

王叔能侍丞相入見王繼學高書序其事謹賦

袁桷祝壽詩書影

　　張養浩回家以後，盡心侍奉年已八十的父親張郁，每天噓寒問暖。在後來所寫的〈辭參議還家〉詩中，便顯露出他侍親盡孝的心懷：

平昔微官本為親，歸來一意奉常珍。
都將丹漏門前曉，辦作斑衣膝下春。
忠孝誰云難遂意，始終今喜得全身。
呼兒為我修園圃，從今無心走世塵。

　　張養浩在詩中表示，他入仕為官的本意就是為了奉養親人，而今辭官歸里，就更應專心致志地孝敬父母。他要把施

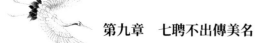

政侍君的情懷與精力，化作與孝親典範老萊子一樣的侍親行為，為父母增壽添歡。雖然說忠孝不能兩全，但出仕是輔助明君，返家是侍奉雙親，自己基本做到了忠孝兩全，這讓他感到無比欣慰。

然而天有不測風雲。從英宗至治元年（西元一三二一年）十月開始，張郁的身體狀況便逐漸惡化。張養浩在老父床前盡心服侍，親自給父親伺候湯藥，不離開半步。可是誰能想到，就在此時，朝廷任命張養浩為吏部尚書的詔書送來了。

手中捧著朝廷的詔書，看著躺在床上的老父親，張養浩陷入「忠孝兩難全」的境地。君子立身，以孝為本；臣之立朝，以忠為本。應該孰去孰從？張養浩深知，《易經》云「有父子，然後有君臣」，雖說君命難違，但孝慈則忠，孝先於忠。他向朝廷表明心跡：朝廷「求忠臣必於孝子之門」，為人臣不盡孝於家而能盡忠於國者未之有也，為人君不教人以孝而能得人之忠者亦未之有也；若違背禮法，就是大不孝。所以，張養浩最終拒絕接受吏部尚書的任命，請辭了朝廷的徵聘。

其實，張養浩拒絕朝廷任命的主要緣由是侍奉父母，但深層原因還是想遠離是非、歸老隱居。張養浩十七歲入官從政，如今已整整三十五年。三十五年中，張養浩在宦海中沉

浮，雖無大的坎坷，卻也無時無刻不謹慎處事，身處高位卻也如履薄冰，畢竟今日難料明日事。

英宗至治元年（西元一三二一年）十二月二十八日，張郁一病不起，寂然離世。

張郁去世後，張養浩遵從傳統的孝道禮義之制，在老父墓前搭起茅屋，為父親守孝。

張氏墓園近照

▎朝生政變再辭聘

　　隨著時間的流逝，張養浩漸漸走出失去親人的低谷中，專心整理自己的著述與經營心儀的「雲莊」別墅。可誰又能料到，張養浩還未過守孝期，朝廷第二次徵聘其入京的使臣又到了。

　　原來，年輕氣盛的英宗即位以來，大力改革朝政，不僅制定頒行了新法《大元通制》，罷汰冗官，精簡機構，節省冗費，減輕了民眾沉重的賦役負擔，還著力推行「以儒治國」的方略，大力提拔漢儒官吏任職樞要，並下詔在全國範圍內「舉善薦賢」，「搜訪山林隱逸之士為朝廷所用」。正是在這一政治背景之下，元朝廷起復張養浩為吏部尚書，召他入京。

　　此時，張養浩重孝在身，家居守制未滿。朝廷連續以吏部尚書徵召，如果應召，張養浩會違背以孝立身的人倫孝道；但不應召的話，他也會背負不忠的罪名。張養浩面臨著兩難選擇。經過再三考慮之後，張養浩寫下一首〈制中辭吏部尚書〉詩，表明自己身居守制之意，請使臣帶回覆命，力辭吏部尚書之聘。他在詩中委婉地表達：自己實在沒有什麼能讓朝廷看重的，不過是浪得虛名罷了；三年中有兩次徵召已經是皇恩浩蕩，自己誠惶誠恐；可無奈有孝在身，實在是難以做到忠孝兩全；朝廷已在廣納賢才，自己衰老病體，恐

玷汙了朝廷以孝治天下的風氣。張養浩期盼朝廷體諒他的難言苦衷。

由於張養浩是以居喪守制未滿的正當理由辭召，元英宗不好勉強，更無法怪罪，只好准其辭聘，不再強求。

至治三年（西元一三二三年）秋，元朝廷再次發生帝位爭奪的內鬥。元英宗八月初結束上都巡幸後，啟程南返大都。八月四日的夜裡，抵達距上都以南十五公里的第一站南坡後，英宗挑燈夜讀。忽然，帳外傳來一陣騷亂，隨後御帳門被人一腳踹開，一身鮮血的英宗大舅哥鐵失率數人闖入。還未等英宗開口責問，鐵失便當胸一刀，兇狠地將英宗刺殺在御床之上。

原來，這是以御史大夫鐵失和怯薛長失禿兒、也先帖木兒為首的蒙古貴族勢力發動的一場奪取元朝最高權力的軍事政變。

殺死英宗及其親信大臣後，鐵失等人擁立英宗的叔父也孫鐵木兒即皇帝位，改元「泰定」，是為泰定帝。這次皇位更迭史稱「南坡之變」。

泰定帝即位後，在清除威脅帝位的貴族勢力的同時，仍繼承英宗文治天下的方略，積極籠絡漢族士人為朝廷服務，實施「以文治國」的政治策略；同時加強思想文化統治，恢復太廟一歲四祭的古制，重建輔翼教育皇太子的詹事院，以籠絡富有治國之才的有識之士。泰定帝還正式建立經筵制

度，廣招漢族儒士和文學之士參政議政。在此背景下，就有元朝廷第三次徵聘張養浩入朝之舉。

泰定元年（西元一三二四年），元朝廷遣使以「中奉大夫太子詹事丞兼經筵說書」的任命徵召張養浩入朝。新皇帝即位，期待政治賢明、萬象更新的張養浩沒有再拒絕。他做了充分準備後，北上入朝。這次，張養浩與隨行人員走水路，透過運河一路北上。走水路雖然較便捷，但張養浩還是備嘗艱辛。張養浩在〈御河舟中〉一詩中就寫下了「水路苦多阻，扁舟之字行」的困苦景況。

泰定帝即位詔

　　張養浩等人行船入御河至通州小歇。通州離大都已很近
了。這時，張養浩的在京朋友以及他的學生許有壬等人，聽
聞張養浩來京赴任，急忙趕到通州專程迎接。舊友、師生相
見，自然興奮異常。張養浩與許有壬更傾心暢敘，聊了一整
個晚上。這一晚兩人究竟談了些什麼，並沒有在歷史文獻中
有所記載，只是說張養浩見了許有壬等人之後，態度突然來
了個一百八十度的大轉彎，就以生病為由回歸故鄉。

張養浩塑像

據推測，促使張養浩半途而歸的主要原因，很可能是張養浩從與許有壬等人的交談中，了解到了「南坡之變」的內幕及朝政現狀，遂改變初衷，效仿陶淵明，不事新朝，遠離官場，歸田隱居。由此，張養浩也堅定地拒絕了此後的第四次徵召。

　　泰定二年（西元一三二五年），元朝廷針對全國各地治理混亂、民生凋敝、「盜賊」叢生的社會現狀，派出諸道肅政廉訪使清查治理各地行政亂象。張養浩被朝廷以江北淮東道肅政廉訪使相召，這已經是「五年五召」了。

　　聽到朝廷又有對張養浩徵聘的消息後，張養浩的親朋都表示祝賀。但對這次徵召，張養浩還是拒絕了，這又是為什麼呢？他在〈乙丑山中拜詔〉一詩中說：「門外傳呼詔，堂前散盡雲。恩榮被林木，惶懼到鷗群。才拙疏經濟，學荒寡見聞。五年凡五聘，深愧報無勛。」其主要意思是說，自己的學術荒蕪，現在是孤陋寡聞，才疏計拙，只有燕雀之志，深怕辜負了朝廷的期望與厚愛。其實，不可否認的重要原因，還是張養浩希望繼續其恬淡悠閒的田園生活。

　　泰定三年（西元一三二六年）九月，朝廷第六次以翰林學士之職相召。雖然張養浩仍堅臥不出，但他卻對這次朝廷徵聘多次提及。如在〈山中拜除自和〉詩中說：「角巾憶昨故鄉來，黃菊西風六見開。」〈綽然亭落成自和〉詩中云：

「山林六枉使星車，慚愧功無一可書。」〈遂閒堂獨坐自和〉詩中也說：「六載丘園凡六召，小臣何德聖恩堪。」張養浩表達出朝廷雖然沒有忘記自己，但令人慚愧的是自己無德無功，枉擔虛名。

元文宗天曆二年（西元一三二九年）正月，朝廷第七次以二品清要之職翰林侍讀學士徵聘張養浩入朝。但此時，令張養浩動心的不是功名利祿，而是堅守已達八年之久的田園生活，所以他再次辭謝朝廷徵召。

在張養浩辭官後的八年中，朝廷七下徵聘詔書，張養浩七次堅辭，展露的是張養浩對孝道理念的尊崇力行，對田園生活的傾心嚮往，對家鄉故土的無限熱愛。

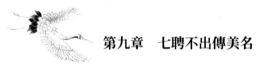

第九章　七聘不出傳美名

第十章
關中賑災卒任上

馬蹄聲疾，驚起雲錦湖邊鷗鷺群飛。

元文宗天曆二年（西元一三二九年）正月初的一天，當
人們還沉浸在過年的喜悅中時，朝廷徵聘張養浩出山還朝的
使節便再一次蒞臨濟南雲莊別墅，詔命他出任陝西行臺御史
中丞。這已經是朝廷第八次派遣使節徵召張養浩入京赴職了。

▌聞命訣母亟西去

自英宗至治元年（西元一三二一年）張養浩的父親去世
以後，張養浩守制歸隱雲莊已達九個年頭了。

在這長達九年的歲月間，元朝廷內走馬燈似的換了五任
皇帝。先是英宗，在位不到三年被殺，由泰定帝繼任。接著
是天順帝、文宗、明宗紹繼大統。而每一任皇帝即位後，都
沒有忘記張養浩這位德高望重、清正廉明、政績突出的朝之
重臣，期盼他能夠出山，輔佐朝政，正像當時學者蘇天爵在
〈七聘堂記〉中所說的：「朝廷重其名德，七遣使者聘之。」
也正如張養浩自述的那樣，初有「三年兩見徵，顏厚甲九
重」，繼有「五年凡五聘，深愧報無勛」，再有「六載丘園
凡六召，小臣何德聖恩堪」，後有「山中八九年，七見徵書
下日邊」。朝廷徵聘張養浩的官職先後為吏部尚書（正三
品）、太子詹事丞兼經筵說書（正三品）、淮東廉訪使（正三
品）、翰林侍讀學士（正二品）等，無一不是重要職務。然

而，對於堅定還鄉隱居的張養浩來說，高官厚祿已沒有任何吸引力。朝廷的每一次徵召，皆被張養浩拒絕。

孰料面對元文宗的這次徵召，張養浩決定放棄安逸的生活與獨善閒居的追求，應召入官。其原因就在於，《元史・張養浩傳》所記載的：「天曆二年，關中大旱，飢民相食，特拜陝西行臺中丞。既聞命，即散其家之所有與鄉里貧乏者，登車就道。」

這次張養浩之所以毫不猶豫地接受朝廷徵召，絕不是衝著高官厚祿去的，而是急災民所急，欲救飢民於水火。正如他聞命後所說：「吾退處丘園，七辭聘召，聞西士民飢殍流亡，忍不起而拯救哉！」此後他在散曲小令〈南呂・西番經〉中也袒露心跡：「天上皇華使，來回三四番，便是巢由請下山。取索檀，略別華鵲山。無多慚，此心非為官。」拯救災民於水火，才是張養浩接受朝廷徵召的根本原因。

張養浩懷著「民陷水火，如己陷水火」的歷史使命感和責任感，在接受任命以後，便打點行裝，準備於天曆二年（西元一三二九年）正月二十四日動身赴任。

然而當張養浩向年近八旬的繼母尚老夫人述說緣由道別時，尚老夫人卻擔心張養浩在路途上或官場上再有什麼閃失，不願他遠行為官。她拉著張養浩的手邊哭邊說：「我已年近八十，你也年近六十，恐怕咱娘倆此別之後，再也沒

有相見的那一天了。」因悲切難忍，尚老夫人竟傷心而病，臥床不起。這使張養浩陷入走也不是、不走也不是的兩難境地。

要知道，自張養浩十三歲喪母以後，正是繼母無微不至地照料他的生活起居，後又盡心操辦其婚姻大事。可以說，張養浩對繼母的感情，絲毫不遜於對生母的感情。張養浩也非常了解、體貼尚老夫人的苦心好意，便對她說不去做這個官了，隨後寫了〈辭聘侍親表〉，準備上奏朝廷。在這份奏表中，張養浩表示自己並非無意為國效力，實在是身為獨子要堅守孝道、居家侍母。〈辭聘侍親表〉所述情真意切，表達了張養浩進退兩難的困窘心情。

但尚老夫人是個深明大義的人。她明白朝命難以違抗，龍顏不容觸犯，尤其理解兒子應徵為臣對國家的重要，也深切體諒兒子的一片孝心。她阻攔兒子應召的初衷，其實是怕兒子一去就再也見不到她這個八旬老母了。但常言道，自古忠孝兩難全，她不能為了自己而連累兒子，於是把張養浩叫至床前，硬著心腸，連聲說「你是官家的人，你是官家的人」，催促兒子放心赴任。

張養浩雖然寫下了〈辭聘侍親表〉，但是內心還是為身處苦難中的陝西百姓深深擔憂。救一方百姓事大，囿於家事事小。解民於倒懸，濟民於水火。為了國家所需、陝西災民

所需，母子親情只能放置以後補償了。準備交由山東憲司代為呈奏朝廷的〈辭聘侍親表〉，最終被擱置一邊。張養浩告別親友，毅然赴任。

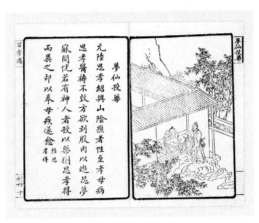

清人編繪《百孝圖》所收元孝子故事之一

流民盈途嘆今古

徵召張養浩出任正二品的陝西行臺御史中丞，無疑是一次重要的任命。因為陝西行御史臺是元朝整個監察體系中的三大機構之一，這三大監察機構分別為中央御史臺、江南諸道行御史臺和陝西諸道行御史臺。設在京師大都的御史臺稱之為「中臺」或「內臺」，職掌糾察百官善惡與政治得失，並直接統制「腹裡」地區；江南諸道行御史臺（治所建康，今江蘇南京）簡稱「南臺」，統制浙江、江西、湖廣三

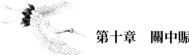

行省，監臨管轄江東、江西、浙東、浙西、湖南、湖北、廣東、廣西、福建、海南等十道；陝西諸道行御史臺（治所奉元，今陝西西安）簡稱「西臺」，統制陝西、甘肅、四川、雲南四行省，監臨管轄漢中、隴北、四川、雲南四道。陝西行臺所統轄的地區，為元朝西部與西南部的重要邊防疆域，政治軍事意義尤為突顯。

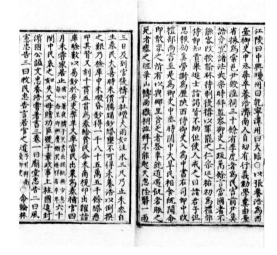

《宋元通鑑》記張養浩出任西臺御史中丞書影

　　水旱之災，是歷代政府無法迴避、必須設法解決的政治課題。歷史上，凡是政治清明之時，雖有災但可救；政治昏亂之際，小災為大災，大災愈不可收拾。《元史・文宗本紀》記載，自泰定二年（西元一三二五年）至天曆二年

（一三二九年），陝西連年乾旱，農作物歉收，哀鴻遍野，餓殍塞路。據陝西行省統計，天曆二年（一三二九年）陝西諸路飢民數達一百二十三萬，流民數達十萬。是年五月，僅鳳翔府飢民就有近二十萬。其中又有數以萬計的人戶家破人亡，倖存者紛紛出外逃荒。

在這必須選派一位重臣去鎮遏一方、紓解一方之難的危急時刻，元朝廷首先想到了張養浩。其原因就在於，張養浩愛民如子的情操早在為堂邑縣尹時就已名滿朝廷。他殫精竭慮、全力以赴、無私無畏、赤膽忠心的為政品德，更是聞名遐邇。尤其是張養浩從來都不負眾望，朝廷深信以其浩然正氣、冰清節操，定能感動上蒼，拯救一方生靈。

臨赴任前，張養浩慷慨無私地把家裡的東西分送給鄉里的窮人，表達其救時弊拯民危、義無反顧、誓與災民同艱苦共命運、攻堅克難、共度時艱的信心與決心。只是張養浩此去與家人鄉鄰一別竟成了永訣。老母的擔憂不幸成為現實，真是令人唏噓不已。

天曆二年（西元一三二九年）二月二十四日，張養浩從濟南啟程赴任，一行人由濼口乘船走水路西去。在東平縣（今山東東平）西南安山鎮，張養浩遇到了陝西行臺專門派來迎接他的李宣使。原來李宣使是走驛路到山東的，行至長清時，得知張養浩已由水路西行，遂乘驛馬追至安山。張養

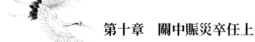

浩對他遠道而來迎接陪伴自己表示慰問和感謝。經進一步了
解得知，李宣使竟是張養浩在京師任中書省右司都事時的同
事的兒子，由他陪伴赴官蒞任，這使張養浩備感欣慰。李宣
使年輕幹練，處事謹慎細緻，沿途跑前忙後，大事小情皆思
考縝密、安排周到，省卻了張養浩不少心思。這使張養浩非
常滿意。

　　進入河南境內，就逐漸看到流民盈路、飢民散野，這引
起張養浩對朝政時局的深深憂思。當他們一行人到達洛陽
時，踏上城中天津橋，俯視橋下，洛水滾滾不息地向東流
淌；抬頭遠望，「春陵王氣」已然不見。南宮雲臺閣上那些
曾經幫助劉秀建立東漢王朝的「雲臺二十八將」的繪像也早
已蕩然無存，這使張養浩惆悵萬千。洛陽自古有「九州腹
地、十省通衢」之稱，是一座底蘊深厚、名重古今的歷史文
化之城，是華夏文明的重要發祥地。然而洛陽昔日的風光無
限卻以歲月流逝成為過眼雲煙，這不禁令張養浩浮想聯翩。
他揮筆寫下了筆調低沉哀婉的散曲〈中呂・山坡羊・洛陽懷
古〉：

　　天津橋上，憑闌遙望，春陵王氣都凋喪。樹蒼蒼，水茫
茫，雲臺不見中興將。千古轉頭歸滅亡。功，也不久長；名，
也不久長。

洛陽天津橋遺址照

　　張養浩還特意登上洛陽城北的北邙山以憑弔先朝聖賢，卻見荒塚纍纍，碑銘殘缺，難覓「風雲慶會」的君臣蹤跡，令人產生無限感慨。面對此情此景，張養浩遂寫下又一首散曲〈中呂‧山坡羊‧北邙山懷古〉：

　　悲風成陣，荒煙埋恨，碑銘殘缺應難認。知他是漢朝君，晉朝臣？把風雲慶會消磨盡，都做了北邙山下塵。便是君，也喚不應；便是臣，也喚不應！

　　此曲寫得含蓄義深，隱意婉轉。借此曲，張養浩感嘆時移事易，以抒發生寄死滅的情懷。

　　當走到洛陽以西新安一帶時，沿途景象更是慘不忍睹，
但見眾多流民攜家帶口，蹣跚前行。他們衣衫襤褸，鵠形菜
色。路旁死者枕藉，臭聞數里，令人觸目驚心。此情此景，
令張養浩心酸鼻辛，禁不住淚流滿面。他當即駐車察訪，施
以援手，命李宣使聯繫當地官府，集結人力，把倒斃而死者
的遺體聚攏起來挖坑掩埋。而「路逢餓殍須親問，道遇流民
必細詢」的所見所聞，更使張養浩悲痛難忍，夜不能寐。在
燭燈前，他揮筆寫下了著名的詩篇〈哀流民操〉：

　　哀哉流民！為鬼非鬼，為人非人。
　　哀哉流民！男子無縕袍，婦女無完裙。
　　哀哉流民！剝樹食其皮，掘草食其根。
　　哀哉流民！晝行絕煙火，夜宿依星辰。
　　哀哉流民！父不子厥子，子不親厥親。
　　哀哉流民！言辭不忍聽，號泣不忍聞。
　　哀哉流民！朝不敢保夕，暮不敢保晨。
　　哀哉流民！欲回不能復，欲前不能奔。
　　哀哉流民！死者已滿路，生者鬼與鄰。
　　哀哉流民！一女易鬥米，一兒錢數文。
　　哀哉流民！甚至不得將，割愛委路塵。
　　哀哉流民！何時大雨粟，使汝俱生存。
　　哀哉流民！

清人所繪〈流民圖〉

此時展現了當時民眾逃亡求生的悲慘狀況，使人如歷親目，令人滿懷悲戚，感慨萬端。

行至澠池時，張養浩覽古賦今，緬懷興亡，再寫下散曲〈中呂·山坡羊·澠池懷古〉二首，其一曰：

秦如狼虎，趙如豚鼠，秦強趙弱非虛語。笑相如，大粗疏，欲憑血氣為伊呂。萬一座間誅戮汝，君也，誰做主？民也，誰做主？

到潼關後，張養浩駐足關隘，西望長安，更是觸景生情，浮想聯翩。他從潼關要塞想到了古都長安，從古都長安又想到了歷代興亡。放眼百里，思接千年，他吟出了傳頌千古、堪稱元曲珍品的散曲小令〈中呂·山坡羊·潼關懷古〉：

峰巒如聚，波濤如怒，山河表裡潼關路。望西都，意躊躇。傷心秦漢經行處，宮闕萬間都做了土。興，百姓苦；亡，百姓苦。

潼關古城西門樓

　　此曲寫得雄偉奔放，遒勁蒼涼，淳樸渾厚，蘊藉深刻。此曲語氣犀利而警拔，蘊含著沉甸甸的千古奇嘆。曲作思緒馳騁縱橫於歷代王朝興衰之間，一針見血地透出一個千古真相：「興，百姓苦；亡，百姓苦。」一個「苦」，重若千鈞，含義無窮，說不完興亡之事，道不盡民眾之苦。

　　其後，他在〈中呂·山坡羊·驪山懷古〉曲中還寫道：

　　驪山四顧，阿房一炬，當時奢侈今何處？只見草蕭疏，水縈紆，至今遺恨迷煙樹。列國周齊秦漢楚。贏，都變做了土；輸，都變做了土。

驪山屏翠，湯泉鼎沸，說瓊樓玉宇今俱廢。漢唐碑，半為灰，荊榛長滿繁華地。堯舜土階君莫鄙。生，人讚美；亡，人讚美。

這些曲作寫得雄健激昂，淋漓酣暢，高瞻遠矚，見解卓異，洞穿歷代王朝改朝換代的社會實質，遠超以往懷古鑑史之作，其睿智深邃的思想與悲天憫人的情懷，力透紙背，振聾發聵。曲作形式上為懷古，實質上是有感於現實，是作者借憑弔歷史來揭示現實，其中蘊含的民本情懷熠熠生輝。

賑濟災荒夜繼日

張養浩為救災夜以繼日地四處奔走。他察訪災情，巡視飢民，足跡踏遍行省近轄州縣的各鄉鎮村所。他為災情而心憂，為飢民而心焚。透過這期間他寫下的幾首散曲，可見其鮮明的憂國憂民之情。其中最為後人稱道的就是包括他在赴任途中和蒞任之後所作的九首懷古組曲，如〈中呂‧山坡羊‧咸陽懷古〉：

城池俱壞，英雄安在？雲龍幾度相交代！想興衰，若為懷，唐家才起隋家敗。世態有如雲變改。疾，也是天地差；遲，也是天地差！

又如，〈中呂‧山坡羊‧未央懷古〉：

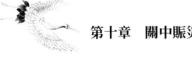

三傑當日，俱曾此地，殷勤納諫論興廢。見遺基，怎不傷悲，山河猶帶英雄氣！試上最高處閒坐地。東，也在圖畫裡；西，也在圖畫裡。

這一首首曲作，追懷古今興亡，王朝更替，面對社會人生，體恤百姓疾苦，揭示世態炎涼猶如白雲蒼狗，感嘆百姓苦難令人傷心悲懷。散曲是元代廣為興起的能雅俗共賞的抒情詩形式，以歌詠山林隱逸與描寫男歡女愛的內容居多，而張養浩的哀民散曲不落窠臼，別開生面，屬意時局之險惡，哀嘆民生之多艱，這就突破了當時散曲主要關心個人命運及隱逸閒情的傳統主題，而著重關注社會現實及民生疾苦，撫今思昔，懷古哀民，抒發其憂國憂民的情感，在元散曲中可謂獨樹一幟，達到元散曲創作的最高水準。

然而張養浩並沒有過多地沉浸於發思古之幽情。他在巡察走訪之後，日思夜想，屬意籌劃如何恢復生產，傾心於災民賑濟。《元史‧張養浩傳》這樣記載他：「到官四月，未嘗家居，止宿公署。夜則禱於天，晝則出賑飢民，終日無少怠。」其心繫災民、勤奮忘我的犧牲精神，赤誠有加，難能可貴，足以感天地而泣鬼神。

為盡快擺脫災害給民眾造成的威脅，使災民休養生息，張養浩「為民做主」，相繼整合實施了以下幾大措施。

一是整頓金融貨幣市場秩序，懲治那些濫用權力、敲詐

盤剝、中飽私囊的猾吏。當時市場上一鬥米值十三貫錢，米價已是十分昂貴。但是當老百姓拿著鈔幣去買米時，卻又因所用鈔幣使用過久致印記模糊不清或破損而被米商拒絕。百姓為此需拿著破損的舊幣到官庫中去兌換新鈔，這給那些掌管官庫的奸猾之徒營私舞弊創造了機會，常常是換十貫鈔卻只給五貫，且還要排隊等好幾天才能換到，使嗷嗷待哺的老百姓雪上加霜。對此，張養浩命人清檢府庫中那些收繳上來且沒有損毀、圖紋印記還可以看清的鈔幣共計一千八百五十多萬貫。他令人在這些銀鈔的背面蓋上官府印記，同時又刻

引十貫、五貫的小額鈔券發放給民眾，令米商憑鈔幣上的印記和鈔券把米賣給百姓，然後到官庫驗明數目以兌換銀兩。此舉使那些奸商汙吏再也不敢相互勾結、魚肉百姓，杜絕了吏弊，使老百姓拿著錢能買到糧食，切實解決百姓最為迫切的吃飯問題。

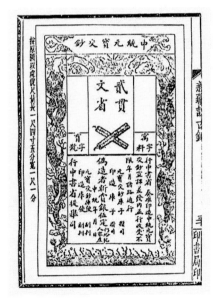

中統元寶交鈔

　　二是頒布納糧補官、輸米授爵之令，動員富戶人家納粟濟民。由於連年乾旱，農作物歉收，市場上並不能提供充裕的糧食供百姓交易買賣。於是張養浩連上奏章，請朝廷動用官府的糧食儲備，調撥糧食賑災，孰料久久得不到朝廷回應。於是張養浩再獻詩以請，訴之以情，曉之以理，最終贏得朝廷的同情與支持。朝廷令商賈入粟中鹽，富家納粟補官，又發運洛陽孟津倉糧八萬石及河南、漢中廉訪司所貯官租以賑濟災民，有效緩解了災區缺糧問題。

　　三是官府籌糧建舍粥點以濟飢民，幫助災民度過難關。張養浩提出此動議之初，陝西行省官員們皆反對。他們的理由是：如此一來，四方飢民必聞風而至，一旦後面供給不至，又如何去處置數以萬計的流民？對此，張養浩反駁說：「即便你們說的不無道理，那也不能見死不救！」遂堅持舍粥濟民。他以身作則，自己掏俸祿買糧建舍粥場。為了盡可能多地接濟飢民，張養浩讓李宣使負責籌劃，在西安城裡設三處舍粥點，作為臨時應急措施賑濟災民。實踐證明，舍粥效果良好，極大地幫助了災荒後民眾生活、生產的恢復。

鞠躬盡瘁卒任上

　　張養浩「親登華嶽悲哀雨，自舍資財拯救民」的救災行為，憂勞忘我的勤政精神，贏得了陝西民眾「滿城都道好官

人」的讚譽。

然而災情的緩解，並沒有使張養浩懸著的心放下來。常言道，大災之後必有大疫。儘管張養浩已對災後疫情有所防備，曾「命醫囊藥，分療病者」，但疫情還是大面積地爆發了。由於久旱與高溫，飢民羸弱，更易感染，且愈演愈烈，「三輔之民自春徂夏，由病疫而死者，殆數萬計。巷哭裡哀，月無虛日」。面對日益嚴重的疫情，張養浩憂心如焚。他帶著得力助手李宣使奔走於各地，救治、安撫病困民眾。

病疫不僅從鄉間傳入城廂，而且從巷弄傳入公署。跟隨張養浩奔走於治疫前線的李宣使因與飢民病民頻繁接觸，加上操勞過度，不幸感染疾疫。雖然張養浩為之千方百計救治，但李宣使還是一病不起，為救災獻出了年輕的生命。

李宣使因公殉職，這使張養浩悲痛萬分。他含淚寫下了〈祭李宣使文〉，卻因悲痛不忍去李宣使靈前弔唁，遂遣行臺令史賈仲乾等代替自己，以清酌之奠致祭李宣使之靈，宣讀祭文。張養浩在祭文中，歷述自己與李宣使自本年二月在東平安山鎮相遇相識後，李生追隨其左右，祈雨賑災、置場舍粥、監督庫錢換易等事蹟，對自己救民心切而沒有顧忌李生勤不憚勞，以致染病不治而自責自愧。想到前不久，李生的父親還親筆來信，讓其多多提攜教誨李生。如今李生去世，自己將來又該如何面對昔日的同事？張養浩為此深感愧疚。

當他得知李生還有一個即將成年的弟弟時，才略感欣慰，他
動情地表示：若自己殘年還能做幾天官的話，一定要上奏朝
廷，舉薦李生的弟弟接任宣使之職，以慰李生之不幸，以贖
自己之所失，以足李生未遂之心願，以終李父相倚托之意。
在張養浩的傳世作品中，〈祭李宣使文〉大概是其絕筆。

〈祭李宣使文〉書影

　　沒承想，奠過李生不久，張養浩自己也因積慮操勞過
度，難逃疫病的侵襲而病倒了，竟於天曆二年七月二十七日
（西元一三二九年八月二十二日）逝世於任所，享壽六十歲。

　　張養浩的兒子張引奉旨赴陝西扶其靈柩返回濟南，遵其
遺囑，與夫人郭氏合葬在張氏墓林，使張養浩魂歸故里。

228

位於濟南柳雲社區的張養浩墓

　　張養浩憂民之所憂、樂民之所樂、與民休戚與共的情操，披肝瀝膽、鞠躬盡瘁的胸懷，那份對黎民百姓的厚愛，深得關中民眾的讚譽。他殉職後，京兆老百姓聞之悲哀痛哭，猶如失去了自己的父母一樣。在張養浩的靈柩返歸故里的道路兩旁，擠滿了送行的民眾，他們紛紛設祭祭奠，行臺、行省的官員也都作祭文、輓詩，揮淚痛悼，執紼郊送，從內心深處表達對張養浩的沉痛哀悼和無限敬意。

　　張養浩去世以後，他生前籌劃安排的賑災糧款也都相繼到位，受災民眾的生活與生產得到有序恢復，這或許令張養

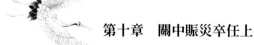

浩死而無憾。其實，張養浩生前最大的願望，就是他在〈中呂・山坡羊〉十首中所稱道的：「人生於世，休行非義。」「休圖官祿，休求金玉。」「於人誠信，於官清正。」「與人方便，救人危患。」「但得個美名兒留在世間。心，也得安；身，也得安。」這些他都做到了，也得到了，足以含笑九泉。

　　文宗至順二年（西元一三三一年），朝廷追贈張養浩攄誠宣惠功臣、榮祿大夫、陝西等處行中書省平章政事、柱國，追封「濱國公」，謚「文忠」。朝廷還為張養浩賜廟長安，得民眾不時祭奠。這年三月，張養浩的鄉邦在濟南為之建立了祠堂，名為「張文忠公祠」。張養浩的門生黃溍所撰的〈張公祠堂碑銘〉豎立於祠堂之中。

　　到明朝初年，宋濂奉詔修《元史》，為張養浩立傳。張公祠也由雲莊遷入濟南城內。山東巡按監察御史薛斌奉旨劃定張公墓墳地三頃二十五畝，予以保護，並免除賦稅，以供祭祀。張養浩墓園至今仍完整保存，它就位於濟南北部小清河畔柳雲社區的「文忠園」內。文忠園是一處坐北朝南、面山帶水的城市公園。文忠園北靠濱河路，東依西濼河，西臨清河路，南北河塘相抱。向四周望去：東，是高聳峻峭的華山接臥牛山；西，是生意盎然的鳳凰山及標山；北，是波濤雄渾的黃河；南，是景色秀麗的大明湖與趵突泉。園區內的樹木翠色慾滴，抽芽的柳條在風中搖曳，綠油油的草地像是

為大地鋪上一層毛毯。穿過高聳的牌坊，可見一個個栩栩如生的石雕錯落有致地屹立在園內。「張文忠公之墓」座落在園內最北區，一代名臣、著名文學家張養浩就長眠於這片靜謐的叢林之中。

第十章　關中賑災卒任上

第十一章
《為政忠告》歷世傳

「三事懇乎忠告兮，啟萬古之群蒙。」這是明代濟南著名「歷下四詩人」之一的殷士儋在〈祭雲莊張文忠公文〉中對張養浩的讚譽之辭。「三事懇乎忠告」是指張養浩的三部政論著作，即《牧民忠告》、《風憲忠告》和《廟堂忠告》。「啟萬古之群蒙」則是從文獻價值和歷史意義對張養浩著述的高度評價。

▌流傳於世與彙編刻印

　　《牧民忠告》、《風憲忠告》和《廟堂忠告》這三部書，非一時所著。按照元代學者貢師泰在《牧民忠告‧序》中所說，它們是張養浩在任堂邑縣尹、監察御史、參議中書省事時分別創作的：「為縣著《牧民忠告》，為臺著《風憲忠告》，既而入相又著《廟堂忠告》。」

　　張養浩去世後的至正元年（西元一三四一年），張養浩之子、任祕書監祕書郎的張引把《風憲忠告》和《廟堂忠告》，連同他寫的跋語，一併進呈朝廷，得到朝廷「嘉納」。

　　實際上在此之前，《風憲忠告》就已經作為「暢銷書」在京師廣為流傳，成為大臣之家書架上的必備書籍。《牧民忠告》也作為為政讀本在元朝官員中廣為傳抄。到至正十五年（西元一三五五年），張引出任福建閩海道肅政廉訪司僉事時，他在福建廉訪使貢師泰和閩海監憲莊公的支持與幫助

下，正式雕版刻印《牧民忠告》和《風憲忠告》兩書，以廣傳天下。元末明初，張養浩的這三部著作又有更多的抄本及刊印本流行於世。

《四庫全書》本《三事忠告》書影

明初洪武二十七年（西元一三九四年），廣西按察司僉事黃士宏把《牧民忠告》、《風憲忠告》、《廟堂忠告》彙編合刻為一書，取名《為政忠告》。

宣德六年（西元一四三一年），河南府知府李驥重刊此編時，則命名為《三事忠告》。所謂「三事」，是指《尚書·立政》篇中所記周代的任人、準夫、牧夫三種官職。殷周時期，官之職謂之「事」。任人又稱為「常任」，是掌管選擇人員以充任官吏之官。準夫又稱為「準人」，是掌管司法之官。牧夫又稱為「常伯」，是掌管地方民事之官。清代學者王引之在《經義述聞·尚書篇》中說：「三事，三職也。為任人、準夫、牧夫之職，故曰『作三事』。」

《藏書志》著錄明刊《三事忠告》

清道光十一年（西元一八三一年），歷城尹濟源在濟南據元刻本付梓刊印時，書名復改題為《為政忠告》。

此外，《為政忠告》還別稱《居官三書》。《為政忠告》東傳日本後，日文版則題名《為政三部書·三事》，為江戶時代幕府政要的必讀經典之一。

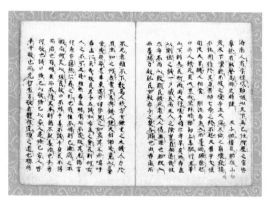

日文版《為政忠告》書影

作為「服官從政之要」的《為政忠告》，在文獻分類中一般歸屬於官箴類著作。所謂官箴，官是指入仕為政，箴是

指規勸告誡。官箴的內容是指對為官從政者的勸勉與警戒，
論述的主要內容是居官為政所必備的職業道德規範。

清朝編修《四庫全書》時，收錄到「官箴」目下的著作
共六部，其中就包括張養浩的《三事忠告》。在《四庫全書
存目叢書》目錄中，共著錄官箴書八部，首列張養浩的《牧
民忠告》，並評價說：「其言皆切實近理，而不涉於迂闊。
蓋養浩留心實政，舉所閱歷者著之，非講學家務為高論，可
坐言而不可行者也。」由此可見《為政忠告》在清代學者心
目中的地位。迄今，學術界更把《為政忠告》稱譽為中國官
箴書中的扛鼎之作。

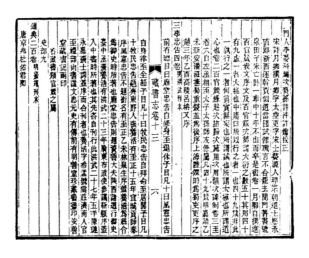

清代丁丙《善本書室藏書志》著錄《三事忠告》書影

《為政忠告》成書後，受到元、明、清三朝歷代「服官從政」者的重視，流傳數百年而不衰，成為一部極有影響力的著作，被歷代評介為「矜式」、「仕規」、「楷式」、「良規」、「法戒」、「法程」等。明代學者張綸即在《林泉隨筆》中說：「張文忠公《三事忠告》，誠有位者之良規。觀其在守令，則有守令之式；居臺憲，則有臺憲之箴；為宰相，則有宰相之謨。醇深明粹，真有德者之言也。考其為人，能竭忠徇國，正大光明，無一行不踐其言。」

　　在明代，《為政忠告》已儼然成為官員之間相互贈送的禮品書。《為政忠告》之所以成為居官者書架上的必備書，或是案頭工具書，就是因為其鮮明的政治讀本價值與現實指導意義。可以說，《為政忠告》已經成為有志為清官良吏者極富啟迪和借鑑意義的從政教科書。

基本內容與主題思想

　　《為政忠告》所收《牧民忠告》、《風憲忠告》、《廟堂忠告》三編，就篇章結構、篇幅大小來說，不似那種長篇大論，連篇累牘，而是各篇各目多短小精悍，言簡意賅。三書總字數不過兩萬餘字，雖非字字珠璣，卻蘊意深厚，切於實用，深刻總結了張養浩為官從政的切身體會和政治經驗。

　　《牧民忠告》，共十綱七十四子目，分為上下兩卷。十綱

為〈拜命〉、〈上任〉、〈聽訟〉、〈御下〉、〈宣化〉、〈慎獄〉、〈救荒〉、〈事長〉、〈受代〉〈閒居〉，非常詳細地論述了許多為政之道，具有鮮明的實踐價值和指導意義。如砥礪品行，修養官德；戒除貪慾，清廉為政；聽訟斷案，公正裁斷；以民為重，不奪農時；懲惡揚善，敦睦教化；撫鰥恤寡，除暴安良；律己當嚴，待人當恕；敬上禮下，包容同僚；寵辱不驚，保全名節等。元至正年間，建寧路崇安縣（今屬福建）縣令鄒從吉奉《牧民忠告》為圭臬，據以治縣，取得了「以忠信使民，民亦樂其治」的成效。清正廉潔與勤政愛民，是貫穿《牧民忠告》全書的核心思想。

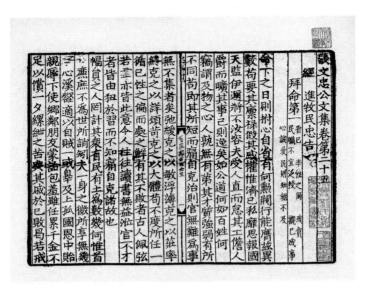

《牧民忠告》書影

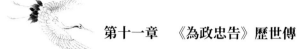

　　《風憲忠告》一卷共十篇，包括〈自律〉、〈示教〉、〈詢訪〉、〈按行〉、〈審錄〉、〈薦舉〉、〈糾彈〉、〈奏對〉、〈臨難〉、〈全節〉。《續修四庫全書總目提要》評價此書是「蓋言風紀之要務」。其中〈自律〉篇的主要意思是論律身宜嚴。所謂嚴者，一行一住，一語一嘿，必有禮法。〈示教〉篇的主要意思是說生如聖人者猶須教誨訓告，不如聖者，更不能忽視。〈詢訪〉篇的主要意思是說為政者往往先入為主，容易產生偏見，必悉心詢訪，始能通達上下之情。〈按行〉篇的主要意思是說涖官臨政須嚴格約束屬下，既不要任其為所欲為，也不要打擊其積極性。〈審錄〉篇的主要意思是強調按先賢所教，「庶獄庶慎」，「明慎用刑」。〈薦舉〉篇的主要意思是說天下之事，非一人所能周知，非一人所能獨成，必兼收博采，始可治理。〈糾彈〉篇的主要意思是說臺憲之職無內外遠近之分，凡有所知，須盡言以聞於上。〈奏對〉篇的主要意思是說諷諫於殿廷之上，須平心易氣，從容婉轉。〈臨難〉篇的主要意思是說言責重大，要在順處靜伺，貴在明理自信。〈全節〉篇的主要意思是說人之有死，或重於泰山，或輕於鴻毛；道之所在，死生以之。《風憲忠告》全書所闡發的是執法為公的精神。

《廟堂忠告》一卷共十篇，包括〈修身〉、〈用賢〉、〈重民〉、〈遠慮〉、〈調燮〉、〈任怨〉、〈分謗〉、〈應變〉、〈獻納〉、〈退休〉。〈修身〉篇的主要意思是說榮者辱之基，只有善自修者，才能保其榮、去其辱。〈用賢〉篇的主要意思是說天子之職，莫重擇相，宰相之職，莫重用賢。〈重民〉篇的主要意思是說若想國家昌明、朝政興隆、享國久長，關鍵要做到以民為本，以民為重。〈遠慮〉篇的主要意思是說天下之事，知其已然，不知其將然；必深識遠慮，才能因其已然，知其將然。〈調燮〉篇的主要意思是說燮理陰陽，為政臨民，須順民心、順天地之氣，然後才有自順之理。〈任怨〉篇的主要意思是說如果為了名利而做人臣，就不會任勞任怨，為不忠之尤。〈分謗〉篇的主要意思是說共署聯事，必共舟以濟，分謗引咎，事始有成。〈應變〉篇的主要意思是說事機之發，有常有變，唯能應變，方能肩扛重任。〈獻納〉篇的主要意思是說善於進諫者，常於細微處入手，於尋常中進

《風憲忠告》書影

納，隨時陳說，以悟上心。〈退休〉篇的主要意思是說士大夫處世，宜知出處之機，當進則進，當退則退。全書突顯的是心繫天下的情懷。

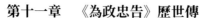

前輩謂仕官而至將相為人情之所榮是不知榮也者辱之基也惟善自修者則能保其榮不善自修者適足速其辱所謂善自修者何廉以律身忠以事上正以處

修身第一

廟堂忠告

三事忠告卷四

欽定四庫全書

元　張養浩　撰

《廟堂忠告》書影

▍居官指南與為政教科書

《為政忠告》三編重點闡發了為政之德、為政之道與為政之術，並由此形成張養浩政治思想的基本內容。它成為歷代官員所尊崇的居官指南和為政教科書。

在居官為政時，張養浩尤其強調為政之德。人無德不立，國無德不興。張養浩所說的「牧民」，牧者治也，牧民

就是治民。其實，他們都是從管理與被管理的視角對官、民做了性質上的區分。所謂「官」，既含有道德屬性，也具有職業屬性。官與民的區別，實質是職業分途而非身分地位的高低。為政之德就是官德，也就是從政道德，包括為人處世、修身養性等各個方面。

《牧民忠告》開篇論「省己」、論「克性之偏」、論「戒貪」，《風憲忠告》開篇論「自律第一」，《廟堂忠告》開篇論「修身第一」，都是強調善自修養、加強職業操守的重要性。為官從政就是一種人生踐履與體驗，應當嚴以持己，勇於擔當，具有責任感和使命感，而與富貴利益無關。張養浩說：「夫利之與義，勢不併處，義親則利疏，利近則義遠。」人格修養高尚者，無不以天下為己任，無不以解民於倒懸為己任，不會以位為樂，苟且職守。

曾長期在臺憲任職的張養浩，對言官的自律體會深刻。張養浩認為，要常懷克治之心、坦蕩之心，要常捫心自問，具自省之心。律己當嚴，待人則恕。這體現出一種以禮待人、以仁為政的傳統人文精神。

張養浩告誡說，為官臨政，要進退有為，善始善終；砥礪名節，立身揚名。他認為，爵祿易得，名節難保。爵祿失去還可以再得，但是名節一旦喪失，將終身無法挽回。

張養浩懷著民胞物與的政治情懷，有著濃厚的民唯邦

本、民唯政本的民本思想。他關注民生，同情民眾疾苦，在
實踐中表現出哀憫行政、視民如子的施政意識。他強調要愛
民、恤民、濟民、富民，關注民生疾苦。因為在整個社會體
系中，黎庶為子民，居於社會底層；秉持權力的官員處於社
會上層，為牧民之長。因此，政府官員必須視民如子，具有
愛民之心，而且還要有養民、教民之術。在他看來，愛民不
是口號，不是標籤，只有擁有愛民之心，擁有愛民的真情實
感，才能增長為民辦實事、謀實利的智慧與才幹。因此，他
提出勸農要不奪農時，為民解憂；治民重在懲惡揚善，敦重
教化。張養浩把重民、愛民提到事業成敗、國家興亡的高度
來認識，是頗有見地的。

　　張養浩強調廉潔奉公、勤慎為要的為官從政之道。廉為
政本，政從廉始。廉能興邦，貪則喪國。官廉則政舉，官貪
則政危。他在《牧民忠告‧拜命》篇中，即以「戒貪」為題
闡述道：不能守公廉之心，是不自重不自愛，要被世人戳脊
梁骨。人生一世，一己之身，吃穿用度能有幾何？貪心不
足，只會是自我戕害。一旦陷入貪賄深淵，不僅上負國恩，
而且也使親人鄰里朋友蒙羞。即便擁有千萬錢財，也不足以
補償一夕牢獄之苦。與其事後追悔，不如自始嚴以自律。因
此，一定要潔身自好，珍惜名譽。要以身作則，以身率下。
己身正，不令而行。

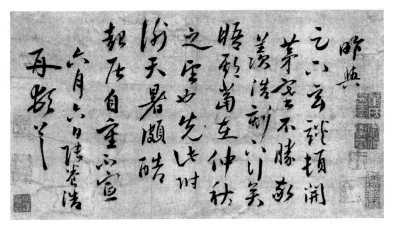

張養浩墨跡

　　為官蒞政要勤懇奉職，任勞任怨。勤於職守，勤為政本，勤以修德，勤能補拙，這是為官持政最基本的道德要求，也是張養浩對為宦者的諄諄忠告。他勸誡為官者不但要勤政，而且要善於為政。為政要重踐行：行要明，行要慎，行要勤。

　　為官者不僅要廉潔勤慎，還要公正無私。「心底無私天地寬」，權力本身就要求「至公無私」。為官操守、從政之道要求為民謀福利，而非為己營私利。譬如選人用人要出以公心，而不是結黨營私。張養浩認為，只有知賢識才，公心舉賢，選用大批賢能才幹之士，才能更好地治國理政。又譬如，為官理訟，只有把握原則，公正裁斷，才能防止產生冤錯。

　　張養浩在《為政忠告》中，還非常詳盡地論述了事關成敗的為政之術，強調臨政處事的方式方法。如判決訴訟案件，提出要「慎獄」、「慎錄」，「非佞折獄，唯良折獄」。就是說審判案件，要秉持公正善良的願望去處理案子，做到公平合理，避免冤假錯案。即便是已經定案的獄案，也需詳細複查。實際上，為政之術因時、因地會有較大的差異，不可能適用於一切政事的處理，根本目的還在於務求實效。

　　張養浩極為推重尋訪政隱民情、深入實際的為政作風，強調臨政處事最忌先入為主，一定要知悉情由，有的放矢。他認為審慎理政，見微知著，思危防患，則無政不理，無事不效。

　　因此，《為政忠告》凝結著張養浩對權力的深刻思索。權力，為治國之公器。為官者行使權力時，須本著求真務實的精神，因為事關民眾福祉；須秉持公道之心，唯民眾利益是從，造福一方社會。正確運用權力，須「集眾人之議」，須廣開言路，須重視監察，須重視「得人」。張養浩說：「夫人君致治之要有三：一曰宰相得人，二曰臺諫得人，三曰左右侍從得人。」

　　《為政忠告》是張養浩為政三十餘年的所見所聞、所思所感，蘊含著他對國家、社會及個人的成與敗、興與衰、安與危、正與邪、榮與辱、義與利、廉與貪等多方面的深刻

思考，集中闡述了他的為政智慧與蒞政經驗，展現其「至國澤民」、追求天下大治的宏大理想，體現了他忠於職守、勇於直言的大無畏精神，反映了他的人格魅力及深厚的政治素養，具有厚重的歷史文獻價值，也具有重要的現代借鑑意義。

國家圖書館出版品預行編目資料

元曲傲骨張養浩：受皇帝七聘而不出，為官著述傳頌千古，筆墨之間揮灑一身凜然正氣 / 張熙惟著 . — 第一版 . — 臺北市：崧燁文化事業有限公司, 2023.06

面；　公分

POD 版

ISBN 978-626-357-350-5(平裝)

1.CST: (元) 張養浩 2.CST: 傳記

782.857　112006358

電子書購買

臉書

元曲傲骨張養浩：受皇帝七聘而不出，為官著述傳頌千古，筆墨之間揮灑一身凜然正氣

作　　　者：張熙惟

發 行 人：黃振庭

出 版 者：崧燁文化事業有限公司

發 行 者：崧燁文化事業有限公司

E - m a i l：sonbookservice@gmail.com

粉 絲 頁：https://www.facebook.com/sonbookss/

網　　　址：https://sonbook.net/

地　　　址：台北市中正區重慶南路一段六十一號八樓 815 室

Rm. 815, 8F., No.61, Sec. 1, Chongqing S. Rd., Zhongzheng Dist., Taipei City 100, Taiwan

電　　　話：(02) 2370-3310　　　傳　　　真：(02) 2388-1990

印　　　刷：京峯彩色印刷有限公司（京峰數位）

律師顧問：廣華律師事務所 張珮琦律師

-版權聲明

定　　　價：350 元

發行日期：2023 年 06 月第一版

◎本書以 POD 印製